Das Krippen kinder weihnachts buch

Andrea Erkert

Das Krippen kinder weihnachts buch

Illustrationen von
Iris Rarisch

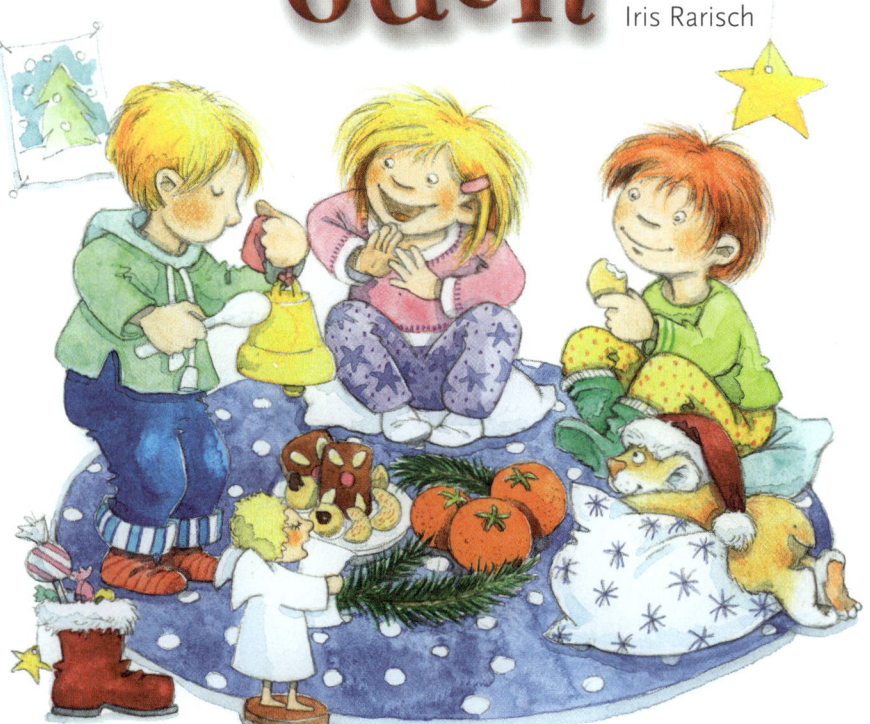

HERDER

FREIBURG · BASEL · WIEN

© Verlag Herder GmbH, Freiburg im Breisgau 2016
Alle Rechte vorbehalten
www.herder.de

Umschlaggestaltung: RSR Design, Reckels/Schneider-Reckels, Wiesbaden
Umschlag- und Textillustrationen: Iris Rarisch, Düsseldorf
Satz und Gestaltung: typopoint GbR, Ostfildern

Herstellung: Graspo CZ, Zlín
Printed in the Czech Republic

ISBN 978-3-451-34755-9

Inhalt

Vorwort

Kinder lieben den guten alten Nikolaus, die leckeren Weihnachtsplätzchen, die vielen Adventsbasteleien und Weihnachtslieder, die allesamt zu einem festen Bestandteil in der Adventszeit gehören. Und vor allem lieben Kinder wiederkehrende Rituale, die ihnen viel Halt geben und Geborgenheit schenken.

In den Tageseinrichtungen für Kleinkinder dreht sich im letzten Monat des Jahres vieles um die Weihnachtsgeschichte, die die Kinder auf eine einfache spielerische Weise entdecken und erleben dürfen. Dennoch ist es mir stets ein großes Anliegen gewesen, dass insbesondere die sozialen Werte und Sinneseindrücke gerade auch in der Vorweihnachtszeit nicht zu kurz kommen.

Aus diesem Grund möchte ich Ihnen nun die Praxisideen aus diesem Buch ans Herz legen, die sich zum größten Teil für den Morgenkreis anbieten. Die wiederkehrenden vertrauten Abläufe im Morgenkreis, die den Kindern bereits durch die Kreisform ein Zugehörigkeits- und Gemeinschaftsgefühl vermitteln, ermöglichen vielfältige Lernerfahrungen und soziale Kontakte und versüßen dabei die Wartezeit auf das große Fest.

Nicht zuletzt habe ich auch an die muslimischen Familien in der Einrichtung gedacht, die sich gerne zu einem Fest in der Vorweihnachtszeit einladen lassen. Anstelle der sonst üblichen Weihnachtsfeier wird für die Kinder und deren Eltern und Geschwisterkinder eine kleine Nikolausfeier in diesem Buch vorgestellt.

Andrea Erkert

Einleitung

Arbeiten mit diesem Buch

Für die schönste Zeit des Jahres hält das vorliegende Buch jede Menge ruhige und bewegungsfreudige **Spiele und andere Angebote in erster Linie für den Morgenkreis** bereit, die sich allesamt **für Kinder unter 3 Jahren** anbieten. Darüber hinaus gibt es auch Praxisideen, die sich bewusst mit dem beschäftigen, was draußen in der kältesten Zeit des Jahres geschieht. Sie eigenen sich speziell für die Winterzeit, sodass Sie gemeinsam mit den Kindern weit über die Weihnachtszeit hinaus noch viele schöne Spiele und andere Angebote aus diesem Buch in die Tat umsetzen können.

Die Spiele und Angebote rund um die Advents-, Weihnachts- und Winterzeit wurden entsprechend ihrer Grundidee und ihrem Zweck den thematischen Kapiteln zugeordnet, die allesamt zunächst Wissenswertes für die Praxis enthalten. Danach folgen in jedem Kapitel zahlreiche Praxisideen, die zum Teil durch eine einfachere und schwierigere Spielvariation ergänzt wurden.

Die meisten Praxisideen können sofort im Morgenkreis ausprobiert werden. Dennoch gibt es auch schöne Angebote zum Kreativsein und Plätzchen backen, die am Tisch oder in der Küche durchgeführt werden. Zudem stehen vor jeder Praxisidee, falls erforderlich, die benötigen Materialien, die Spielvorbereitung und gelegentlich ein Hinweis, damit alles von Anfang an reibungslos mit den Kleinen ablaufen kann.

Allen Kindern gerecht werden

Im Morgenkreis können vielleicht noch nicht alle Kinder sitzen, stehen oder laufen. Auf die Kinder, die noch liegen oder sich nur krabbelnd fortbewegen, wird beim Spielablauf besonders geachtet. Falls es viele jüngere Kinder in der Gruppe gibt, die sich noch nicht oder nur eingeschränkt selbst fortbewegen können, werden die Spiele auf ihre Bedürfnisse abgestimmt. Es werden dann einfach mehr Krabbelspiele oder Spiele durchgeführt, bei denen man sich am Platz bewegt.

Natürlich ist es auch möglich, dass ein Erwachsener sie unterstützt, indem er sie auf den Schoß nimmt oder trägt. Dafür müssen allerdings genügend Fachkräfte für die Kindergruppe zuständig sein.

Ritualisierung

Morgenkreise in der Krippe sind ein Strukturierungselement im Tagesablauf, das jeden Tag wiederkehrt. Kinder lieben und brauchen Rituale, bei denen bestimmte Angebote und Abläufe kontinuierlich wiederholt werden.

Erst wenn ein Spiel oder Lied viele Male durchgeführt wurde, hat es das junge Kind in sein Repertoire aufgenommen, also gelernt.

Rituale geben Sicherheit und bieten dem Kind Orientierung im Krippenalltag.

Vorbereitete Umgebung –
Eine weihnachtliche Atmosphäre schaffen

Um den Kindern die Bedeutung von Advent und Weihnachten näher zu bringen, wird der Raum winterlich oder weihnachtlich geschmückt. Dabei werden die Interessen oder Themen der Kinder beim Schmücken berücksichtigt.

Hier ist auch der Geschmack der pädagogischen Fachkräfte gefragt, denn auch sie müssen sich in ihrer Arbeitsumgebung wohlfühlen.

Lichterketten, Adventsgestecke oder eine Weihnachtskrippe können die Vorfreude in den Gruppenraum holen. Die Krippe kann gemeinsam jeden Tag um eine Figur (Ochse, Esel, Schaf, etc.) erweitert und so gemeinsam aufgebaut werden. Vielleicht erzählt ja jede Figur seine Version der Weihnachtsgeschichte.

Es wird darauf geachtet entwicklungsangemessen zu dekorieren. Weniger ist mehr. Bunte, dauerblinkende Lichterketten und singende Plastikweihnachtsmänner überfluten nicht nur die Kinder mit Reizen. Besser ist es, auf dezente Beleuchtung zu achten, die den Gruppenraum heimelig macht. Ein paar wenige Sterne aus Transparentpapier zur Fensterdekoration und ein kleiner Adventskranz, der gemeinsam mit den Kindern gestaltet wird, tragen zu einer festlichen Stimmung bei. Dabei wirkt der Gruppenraum nicht überladen.

Dekorationsideen der Kinder sollten immer aufgegriffen werden. Dabei können einzigartige Rituale entstehen.

Dekorationsvorschlag zum Advent

Material: *hell- und dunkelblaue Chiffontücher o. Ä, Wattebäusche, Gegenstände, die zur Advents- und Winterzeit passen, wie z. B. getupfte Weihnachtskugeln (s. S. 98), (Fröbel-)Sterne, Zapfen, Walnüsse, kleine Tannenzweige, getrocknete Orangenschalen*

Vorbereitung: Die Spielleitung breitet in der Kreismitte die Tücher aus, die sich überlappen. Auf den Tüchern verteilt sie die Wattebäusche. Fertig ist die Schneewolke, die anschließend von den Kindern dekoriert wird. Die weihnachtlichen Gegenstände stehen, in einer Kiste, neben der Schneewolke.

Durchführung: Die Kinder suchen sich verschiedene Gegenstände aus der Kiste aus und verteilen diese auf der Schneewolke bzw. auf den Tüchern. So entsteht ein schöner Mix aus Dingen, die zur Advents- und Winterszeit passen.

Schwierigere Variation: Die Kinder erhalten von der Spielleitung eine Handvoll Wattebäusche, die sie der Reihe nach auf die hell- und dunkelblauen Chiffontücher in der Kreismitte legen. Danach suchen sie sich jeweils etwas Adventliches aus der Kiste aus, das sie auf jeweils einen weichen Wattebausch liebevoll platzieren.

Begrüßung bei Kerzenschein

1

Kleine Rituale zu Beginn der Spielkreiszeit

Eine schön gestaltete Mitte ist das Herzstück eines jeden Morgenkreises. Es gibt den Kindern ein warmes Gefühl voller Vertrauen und Freude. Damit sich die Kinder nicht nur auf spielerische Weise näher kommen, sondern auch auf die schönste Zeit des Jahres eingestimmt werden, ist ein Begrüßungsspiel zu Beginn eines jeden Dezembertages im Morgenkreis geradezu ein Muss.

Kinder lieben wiederkehrende Abläufe, die ihnen vertraut sind. In der Advents- und Weihnachtszeit gibt es viele schöne Rituale, auf die die Kinder sich alle Jahre wieder freuen dürfen. So können die Kinder z. B. vom 1. Dezember bis Heilig Abend jeden Tag ein Türchen des Adventskalenders öffnen und sich auf eine Nikolaus- oder Weihnachtsgeschichte im Morgenkreis freuen.

Die folgenden Spiele zum Begrüßen und für einen gelungenen Einstieg, die sich im Übrigen auch zum Teil außerhalb des Morgenkreises anbieten, machen jeden Dezembertag zu etwas ganz Besonderem: Sie läuten die gemeinsame Spielzeit im adventlich gestalteten Morgenkreis ein, vermitteln den Kindern ein starkes Wir-Gefühl und steigern die Vorfreude auf das große Fest. Nicht zuletzt geben sie in ihrer Beständigkeit den Kindern besonders viel Sicherheit, sodass sie jeden Tag aufs Neue viel leichter mitmachen können.

Dezembermorgen im Kerzenschein

Material: *eine Wunderkerze, ein Stabfeuerzeug*

Durchführung: Die Spielleitung entzündet die Wunderkerze und bittet die Kinder in den Morgenkreis, indem sie sagt:

„Die Kerze brennt und was geschieht dann?
Fängt unser Morgenkreis sofort an!"

Erst wenn alle Kinder auf einem Stuhl oder auf dem Schoß eines Erwachsenen, die den Kleinen dabei den Kopf und den Rücken stützen, im Kreis beisammen sitzen, begrüßt die Spielleitung leise die Gruppe und wünscht allen eine schöne Spielzeit.

Guten Morgen liebe Adventsmaus!

Material: *für jedes Kind ein Kissen*

Durchführung: Die Spielleitung lockt die Kinder, die außerhalb des Kreises herumkrabbeln, in den Innenkreis, indem sie nacheinander den Kindern kurz über den Kopf streichelt oder ihnen einfach auf die Schultern tippt und dabei jedes Mal laut sagt:

„Guten Morgen liebe Adventsmaus!
Krabbele rasch in unser Adventshaus!"

Wurde ein Kind angesprochen, krabbelt es in Richtung Innenkreis. Die Kinder setzen sich auf ein Kissen und die Spielleitung heißt alle herzlich willkommen.

Unser Adventskranz

Material: *ein kleiner Tisch, ein Adventskranz (s. S. 94), ein Stabfeuerzeug, ein Adventsteller (s. S. 98), Tannenzapfen, Walnüsse, getrocknete Orangenscheiben*

Vorbereitung: Die Spielleitung stellt jeden Morgen einen kleinen Tisch in die Kreismitte, auf dem sie den Adventskranz platziert. Auf den Adventsteller legt sie Tannenzapfen, Walnüsse oder getrocknete Orangenscheiben.

Durchführung: Die Kinder suchen sich etwas Schönes davon aus und nehmen im Morgenkreis Platz. Sie dekorieren der Reihe nach den Kranz mit Zapfen, Nüssen und Orangenscheiben. Dabei werden sie namentlich von der Spielleitung begrüßt. Erst wenn alle Kinder wieder im Kreis beisammen sitzen, entzündet die Spielleitung bis zu vier Kerzen am Kranz.

O kommet doch all!

Material: *für jedes Kind ein Kissen, traditionelles Weihnachtslied „Ihr Kinderlein kommet" (s. S. 50)*

Vorbereitung: Zwei Erwachsene bilden zwischen zwei Kissen auf der Kreisbahn ein Tor, indem sie sich direkt gegenüber aufstellen, ihre Arme schräg nach oben halten und sich dabei gegenseitig mit den flachen Händen abstützen.
Alternativ können Gegenstände das Tor markieren, falls nicht genug Erwachsene am Angebot teilnehmen können.

Durchführung: Die Erwachsenen singen nun die erste Zeile des Weihnachtsliedes „Ihr Kinderlein kommet":

„Ihr Kinderlein kommet, o kommet doch all!"

Ein Erwachsener krabbelt/läuft voran und zeigt den Kindern den Weg durch das Tor. Die Liedzeile wird so lange wiederholt, bis alle Kinder durch das Tor gekrabbelt oder gelaufen sind. Jüngere Kinder, die sich noch nicht eigenständig durch das Tor bewegen können, werden von einem Erwachsenen auf dem Arm getragen. Im Inneren des Kreises angekommen setzen sie sich auf jeweils ein freies Kissen. Die Allerkleinsten jedoch sitzen auf dem Schoß oder liegen auf dem Arm der Erwachsenen. Am Ende begrüßt die Spielleitung die Gruppe recht herzlich.

Variation: Die Spielleitung stellt sich breitbeinig auf die Kreisbahn, sodass die einzelnen Kinder unter ihren Beinen hindurch in Richtung Innenkreis krabbeln können. Danach setzt sie sich mit den betreffenden Kindern auf die kreisförmig angeordneten Kissen, sodass die Allerkleinsten, falls sie auch mitmachen, durch die entstandene Kreislücke von den Erwachsenen der Reihe nach getragen werden können.

Begrüßung mit Glockenklang

Material: *eine Weihnachtsglocke mit Griff*

Durchführung: Die Spielleitung lädt die Kinder in den Morgenkreis ein, indem sie die Glocke läutet. Sitzen alle Kinder im Morgenkreis beisammen, sagt sie laut:

„Erklingt die Glocke, sind alle ganz leis'.
Wir begrüßen uns dann im Morgenkreis!"

Alle sagen gemeinsam „Guten Morgen!"

Variation: Die Spielleitung geht links im Innenkreis herum und bleibt vor jedem Kind kurz stehen, um die Glocke zu läuten und schließlich das betreffende Kind per Handschlag zu begrüßen. Dabei sagt sie jedes Mal laut:

„Wurde die Glocke geläutet, sind alle ganz leis'.
Ich begrüße ... *(Vorname des Kindes)* im Morgenkreis!"

Weihnachtsglocken-Gesang

Material: *zwei Handglocken mit Griff, evtl. für jedes Kind eine kleine Glocke o. Ä.*

Durchführung: Die Spielleitung singt gemeinsam mit den Kindern nach der Melodie des Kinderlieds „Bruder Jakob", die folgenden zwei geänderten Zeilen:

„Liebe Kinder, liebe Kinder!
Schlaft ihr noch? Schlaft ihr noch?"

Danach sagt die Spielleitung laut: „Hört ihr nicht die Weihnachtsglocken?" Sie übergibt zwei Kindern jeweils eine Glocke mit Griff, die sie sofort läuten.

Einfachere Variation: Das Spiel verläuft so wie oben beschrieben, am Schluss lassen alle Kinder ihre kleinen Glocken erklingen.

Viele kleine Lichter

Material: *für jedes Kind ein LED-Teelicht*

Vorbereitung: Die Spielleitung holt die LED-Teelichter, die sie durch Knopfdruck zum Leuchten bringt, und teilt sie im Kreis aus.

Durchführung: Sie lädt die Kinder in den Innenkreis ein:

„Guten Morgen … *(Vorname des Kindes)*, komm in die Mitte und stell dein Licht auf den Boden, bitte!"

Das Kind setzt sich dann wieder alleine oder mithilfe eines Erwachsenen in den Morgenkreis. Erst wenn sämtliche Lichter auf dem Boden in der Kreismitte platziert wurden, geben sich alle gegenseitig die Hände. Die Spielleitung wünscht der Gruppe einen guten Morgen.

Die Kinder erwidern den Gruß und setzen sich dann entweder alleine oder mit jeweils einem Erwachsenen in den Morgenkreis.

Guten Morgen Schneemann!

Das ist der Schneemann Tim.
Das ist die Schneefrau Kim.

Zwei Fäuste bilden. Erst den einen und dann den den anderen Daumen ausstrecken.

„Guten Morgen!", sagt Tim.

Alles wiederholen.

„Guten Morgen!", sagt Kim.

Die zwei mögen den Winter.
Schnee mögen auch die Kinder!

Beide Daumen ausstrecken und anschließend alle Finger ausstrecken und vergnügt hin und her zappeln lassen.

Ein Sternenlicht für dich

Material: *ein Adventsteller (s. S. 98), eine dicke rote Kerze, ein Einmachglas (in das die Kerze gestellt werden kann), ein Stabfeuerzeug*

Vorbereitung: Die Spielleitung stellt den Adventsteller in die Kreismitte, auf dem sie eine dicke Kerze im Einmachglas platziert.

Durchführung: Sie entzündet die Kerze, geht links im Innenkreis herum und sagt laut:

„Ein Sternenlicht leuchtet im Morgenkreis.
Bleib ich stehen, begrüß' ich dich ganz leis!"

Die Spielleitung dreht sich zu einem Kind, das sich in ihrer Nähe befindet. Sie begrüßt das Kind leise und setzt das Spiel auf die gleiche Art im Innenkreis fort. Wurden alle Kinder von der Spielleitung begrüßt, ist das Spiel beendet.
Die Kerze kann am Ende durch Schließen des Einmachglases gelöscht werden. Die Kinder schauen fasziniert zu, wie die Kerze nach kurzer Zeit erlischt.

Variation: Während die Kinder sich gegenseitig im Kreis die Hände geben, sagt die Spielleitung:

„Ein Sternenlicht leuchtet im Morgenkreis.
Geben wir uns die Hände, begrüßen wir uns leis'!"

Danach sagen alle gemeinsam „Guten Morgen!"

„Guten Morgen!", sagt der Weihnachtsmann

Material: *ein Weihnachtsmann z. B. aus Stoff oder Plastik*

Durchführung: Die Spielleitung geht mit dem Weihnachtsmann in der Hand im Uhrzeigersinn herum und sagt:

„Der Weihnachtsmann begrüßt nun dich.
Der Weihnachtsmann mag dich und mich!"

Dabei bleibt sie bei jeder Silbe der Reihe nach kurz direkt neben den einzelnen Kindern stehen. Sie bleibt bei demjenigen Kind stehen, auf das sie zuletzt deutet, und streckt diesem zur Begrüßung den Weihnachtsmann entgegen. Sie wiederholt das Spiel so ein paarmal. Danach geht sie zu den übrigen Kindern, um sie der Reihe nach zu begrüßen.

Schwierigere Variation: Die Spielleitung überreicht einem Kind den Weihnachtsmann. Während sie nun die beiden Zeilen aufsagt, übergibt das Kind den Weihnachtsmann entweder seinem linken oder rechten Nachbarskind. Danach darf das neue Kind den Weihnachtsmann einem anderen Kind überreichen, sobald die Spielleitung die beiden Sätze wiederholt. Auf diese Weise geht's immer weiter, bis alle Kinder zumindest einmal den Weihnachtsmann einem anderen Kind übergeben konnten.

Weihnachtsgrüße für dich

Material: *eine getupfte Weihnachtskugel (s. S. 98)*

Durchführung: Die Spielleitung sitzt mit den Kindern im Morgenkreis und gibt die Kugel einem beliebigen Kind. Dabei sagt sie:

„Gebe ich die Weihnachtskugel dir,
ist das ein Weihnachtsgruß von mir!"

Das betreffende Kind nimmt die Kugel an sich und gibt sie einem weiteren Kind. Dabei wiederholt die Spielleitung entweder alleine oder gemeinsam mit den Kindern den vorherigen Satz. Auf diese Weise wird das Spiel so lange fortgesetzt, bis möglichst alle Kinder einmal die Weihnachtskugel erhalten haben und diese einem anderen Kind weiterreichen konnten.

Variation: Anstatt die Weihnachtskugel zu überreichen, darf das Kind, das gerade die Weihnachtskugel in den Händen hält, die Kugel irgendeinem Kind im Kreis zurollen. Dementsprechend lauten die beiden Sätze dann:

„Rolle ich die Weihnachtskugel zu dir,
ist das ein Weihnachtsgruß von mir!"

Plätzchen für den Weihnachtsmann

Material: *eine Decke, ein Adventsteller (s. S. 98), evtl. eine Weihnachtsmann-Mütze,* ***für jedes Kind jeweils:*** *ein Dinkel-Weihnachtsplätzchen oder ein Dinkel-Doppeldecker-Weihnachtsplätzchen (s. S. 41f.), und eine Socke sowie eine Mandarine*

Vorbereitung: Die Spielleitung nimmt für jedes Kind eine Mandarine, die sie in jeweils einen Socken steckt. Sie breitet in der Kreismitte eine Decke aus, auf die sie ein Kissen platziert. Daneben stellt sie einen Adventsteller, auf dem sie die Dinkel-Weihnachtsplätzchen legt.

Durchführung: Ein beliebiges Kind legt sich auf die Decke und macht es sich gemütlich. Während nun das Kind so tut, als ob es schlafen würde, wählt die Spielleitung heimlich ein anderes Kind aus, das den Weihnachtsmann spielt und sich gegebenenfalls eine Weihnachtsmann-Mütze aufsetzt. Es erhält einen Socken, in dem eine Mandarine steckt.
Der „Weihnachtsmann" oder die „Weihnachtsfrau" tauscht heimlich den Socken gegen das leckere Plätzchen aus.
Sitzt das Kind wieder auf seinem Platz, ruft die Gruppe laut:

„Guten Morgen ... *(Name des Kindes)*,
der Weihnachtsmann (oder die Weihnachtsfrau) ist da gewesen!"

Das Kind öffnet seine Augen und schaut nach, was sich in dem Socken befindet. Es holt die Mandarine heraus und wechselt mit einem anderen Kind den Platz, das noch kein Geschenk erhalten hat. Auf diese Weise geht es immer weiter, bis alle Kinder eine Mandarine und ein Plätzchen bekommen haben. Anschließend essen alle gemeinsam die Plätzchen und Mandarinen auf.
Beim Schälen können die Kinder den leckeren Geruch der Schale wahrnehmen und anschließend die Süße der Mandarine schmecken.

Der Weihnachtsmann kommt von fern

Material: *ein roter Plastik-Fingerhut, je ein schwarzer und weißer Schminkstift*

Vorbereitung: Die Spielleitung setzt den Fingerhut auf und zeichnet auf die betreffende Fingerkuppe rasch zwei schwarze Augen und einen weißen Rauschebart auf. Fertig ist der Weihnachtsmann bzw. das Fingerpüppchen.

Durchführung: Die Spielleitung geht im Inneren des Kreises entlang und spricht folgenden Vers:

„Der Weihnachtsmann kommt von fern.
Der Weihnachtsmann hat uns gern.
Der Weihnachtsmann begrüßt mich.
Der Weihnachtsmann begrüßt dich!"

Währenddessen streckt sie den „Weihnachtsmann" den Kindern entgegen und hält die andere Hand an die Stirn, um nach dem Weihnachtsmann Ausschau zu halten. Sie deutet reihum auf die einzelnen Kinder und bleibt kurz darauf stehen. Bei der letzten Zeile wendet sie sich demjenigen Kind zu, das sich in ihrer Nähe befindet. Mithilfe des „Fingerpüppchens" begrüßt sie das Kind und schließlich der Reihe nach auch die anderen Kinder im Kreis. Dabei sagt sie stets die letzte Zeile.

Hallo Schneeflocke!

Material: *ein weißer Wattebausch, für jedes Kind ein Kissen*

Durchführung: Die Gruppe steht vor ihren Stühlen im Kreis. Die Erwachsenen tragen die Allerkleinsten auf dem Arm. Die Spielleitung holt sich einen Wattebausch, stellt sich in die Kreismitte und sagt:

„Eine Schneeflocke kommt von fern.
Guten Morgen! Wir haben sie gern!"

Die Spielleitung geht auf ein beliebiges Kind zu, um ihm mit dem Wattebausch, der das Schneeflöckchen darstellt, zur Begrüßung z. B. über die Hand, den Arm oder die Wangen zu streichen. Das betreffende Kind oder der Erwachsene mit dem Kind auf dem Arm nimmt dann Platz. Die Spielleitung wiederholt die beiden Sätze, um schließlich ein anderes Kind auf die gleiche Weise zu begrüßen. Wurden alle von der „Schneeflocke" begrüßt, ist das Spiel aus.

Wintergruß

Durchführung: Die Kinder stellen sich vor ihren Stühlen im Kreis auf. Sie spielen Schneeflocken, indem sie ihre Arme nach oben strecken und die Finger zappeln lassen. Die Spielleitung geht im Innenkreis herum und zählt dabei laut der Reihe nach die einzelnen Kinder durch. Bei jeder Zahl tippt sie ein Kind an, das sich auf seinen Stuhl setzen darf. Erst wenn alle Kinder im Kreis beisammen sitzen, sagt sie laut:

„So viel Schnee im Kreis erfreut alle Kinder!
Guten Morgen ihr Lieben! Es ist Winter!"

Die Kinder klatschen in die Hände und starten so vergnügt ihre Spielzeit im Morgenkreis.

Im Winter begrüße ich so die Kinder!

Durchführung: Die Gruppe sitzt oder steht im Kreis. Die Spielleitung beginnt und sagt:

„Im Winter begrüße ich so *(winkt den Kindern zu)* die Kinder!"

Sobald die Gruppe den Satz wiederholt, darf das Kind, das sich links neben der Spielleitung befindet, entweder die Gruppe auf die gleiche Weise begrüßen oder etwas Neues machen, indem es zur Begrüßung z. B. in die Hände klatscht oder auf den Boden stampft. Auf diese Weise geht das Spiel immer weiter, bis alle Kinder an der Reihe gewesen sind.

Hallo liebe Winterkinder!

Hallo liebe Winterkinder!
Es schneit! Denn es ist Winter!

Alle zehn Finger zappeln lassen.

Schneeflocken schweben leis',

Beide Arme nach oben ausstrecken, langsam senken und dabei stets die zehn Finger zappeln lassen.

erfreuen uns im Kreis.

In die Runde zeigen.

Hallo liebe Winterkinder!
Es schneit! Denn es ist Winter!

Alle zehn Finger wieder so wie zu Beginn zappeln lassen.

Hinweis:
Das Fingerspiel bietet sich besonders gut an, wenn es draußen schneit. Die Spielleitung öffnet zunächst ein Fenster, damit die Kinder die Schneeflocken beobachten können. Danach setzen sich alle in den Morgenkreis, um das Fingerspiel durchzuführen.

Ein „Guten Morgen"-Weihnachtsplätzchen

Material: *ein kleiner Tisch, ein Adventsteller (s. S. 98), selbst gebackene Dinkel-Weihnachtsplätzchen und Dinkel-Doppeldecker-Weihnachtsplätzchen (s. S. 41f.), evtl. eine Weihnachtsmann-Mütze*

Vorbereitung: Die Spielleitung holt sich den Teller mit den Plätzchen, den sie (auf einem kleinen Tisch) in die Kreismitte stellt.

Durchführung: Sie setzt sich zu den Kindern in den Morgenkreis und sagt:

„Guten Morgen ... *(Vorname des Kindes)*! Komm in die Mitte.
Hol dir ein leckeres Plätzchen, bitte!"

Dasjenige Kind, das die Spielleitung aufruft, darf zu ihr krabbeln oder laufen, um sich ein Plätzchen zu holen. Die Spielleitung begrüßt so jedes Kind, das sofort sein Plätzchen verzehren darf. Guten Appetit!

Einfachere Variation: Die Spielleitung zieht sich eine Weihnachtsmann-Mütze auf und geht mit dem Teller, auf dem sich die leckeren Plätzchen befinden, zu den einzelnen Kindern, die sich ein Plätzchen nehmen dürfen. Erst wenn alle Kinder ein Plätzchen in den Händen halten, sagt die Spielleitung gemeinsam mit den Kindern laut:

„Ho, ho, ho, der Weihnachtsmann kommt von fern
und mag auch die Weihnachtsplätzchen so gern!"

Die Spielleitung nimmt sich nun auch ein Plätzchen vom Teller. Guten Appetit!

Wer öffnet die Schachtel des Adventskalenders?

Material: *ein „Adventskalender aus Schachteln" (s. S. 99), eine Schere*

Durchführung: Die Spielleitung hält das Schmuckband des Adventskalenders am oberen Rand fest und zwar so, dass alle Kinder im Adventskreis den schmalen langen Adventskalender gut sehen können. Sie geht damit im Inneren des Kreises entlang und sagt:

„Wer öffnet die … *(Zahl einsetzen)* Schachtel im Kreis? Wer von euch freut sich nun? Wer das wohl weiß?"

Dabei deutet sie bei jeder Silbe der Reihe nach auf die einzelnen Kinder und bleibt dann bei demjenigen Kind stehen, auf das sie als letztes zeigt. Sie schneidet das Stück Band mit der Schachtel ab und übergibt dieses dem betreffenden Kind.

Hinweis:

Indem jeden Tag aufs Neue die oberste Schachtel auf dem Schmuckband entfernt wird, können die Kinder gut sehen, wie der Adventskalender und somit auch die Wartezeit auf das große Fest von Tag zu Tag kürzer wird. Die Spielleitung achtet stets darauf, dass jeden Tag ein anderes Kind den Adventskalender öffnen kann.

Wem gehört das erste Windlicht?

Material: *ein Windlicht von jedem Kind („Windlicht mit Äpfeln, Nüssen und Co."*
s. S. 93), eine dicke LED-Kerze, ein roter Glasmalstift

Vorbereitung: Die Spielleitung schreibt mit dem roten Glasmalstift auf jedes Glas
eine bestimmte Zahl von eins bis vierundzwanzig.

Durchführung: Je nachdem, der wievielte Dezembertag gerade ist, stellt sie das Windlicht mit der entsprechenden Zahl in die Kreismitte, in das sie eine
leuchtende LED-Kerze stellt. Sie dunkelt den Raum etwas ab, setzt sich
zu den Kindern in den Kreis und sagt leise zu dem Kind, das das Windlicht gestaltet hat:

„... *(Vorname des Kindes)* gehört das Licht in der Kreismitte!
Du bekommst es heute mit nach Hause. Hol es dir, bitte!"

Das betreffende Kind darf sich sein Windlicht entweder alleine oder
mithilfe der Spielleitung holen. Es setzt sich wieder auf seinen Platz
zurück und stellt dann sein Windlicht, das es später mit nach Hause
nehmen darf, direkt vor sich hin.

> **Hinweis:**
> Damit an jedem Dezembertag bis zum Heiligen Abend ein Licht zur Ver-
> fügung steht, können zusätzlich Adventslichter (s. S. 94) gestaltet werden,
> sodass jedes Kind bis zu zwei verschiedene Windlichter an unterschiedlichen
> Tagen mit nach Hause nehmen kann.

Advent, Advent, ein Lichtlein brennt

Material: *ein kleiner Tisch, ein Adventskranz (s. S. 94), ein Stabfeuerzeug, altbekannter Kinderreim für die Adventszeit „Advent, Advent, ein Lichtlein brennt"*

Vorbereitung: Die Spielleitung stellt in die Kreismitte einen kleinen Tisch, auf dem sie den Adventskranz platziert. Sie entzündet die entsprechende Anzahl an Kerzen.

Durchführung: Miteinander sagen nun alle den Kinderreim für die Adventszeit auf, jedoch nur bis zu der dazu passenden Anzahl an leuchtenden Kerzen:

1. Advent:
„Advent, Advent, ein Lichtlein brennt.
Erst eins!"

2. Advent:
„Advent, Advent, ein Lichtlein brennt.
Erst eins, dann zwei!"

3. Advent:
„Advent, Advent, ein Lichtlein brennt.
Erst eins, dann zwei, dann drei!"

4. Advent:
„Advent, Advent, ein Lichtlein brennt.
Erst eins, dann zwei, dann drei, dann vier,
dann steht das Christkind vor der Tür!"

Wir starten froh und munter!

Material: *für jedes Kind ein Rhythmusinstrument, z. B. eine Rassel oder Klanghölzer; erste Strophe des Nikolausliedes „Lasst uns froh und munter sein" (s. S. 46)*

Durchführung: Zu Beginn singt die Spielleitung die erste Strophe des Liedes, dessen letzte beiden Zeilen geändert gesungen werden:

„Lasst uns froh und munter sein
und uns recht von Herzen freu'n.
Lustig, lustig tralalalala.
Nun ist unsere Spielzeit da.
Nun ist unsere Spielzeit da."

Die Kinder singen mit und begleiten die Melodie mit ihren Rhythmusinstrumenten.

Winterfreude

Material: *evtl. für die Allerkleinsten ein Tragetuch*

Durchführung: Alle geben sich gegenseitig die Hände. Dabei tragen die Erwachsenen die Allerkleinsten am besten in Tragetüchern. Miteinander sagen sie:

„Ihr kleinen und großen Leute,
wir starten mit Winterfreude heute!"

Alle heben die Arme im geschlossenen Kreis in die Luft, um so ihre Freude zum Ausdruck zu bringen und fröhlich in einen schönen Wintertag zu starten.

Variation: Alle gehen ohne Handfassung auf der Stelle und heben am Schluss voller Freude ihre Arme in die Luft.

Wir zünden erst die Kerze(n) an

Ein schönes Ritual ist ein kleiner Reim, der die Kinder auf den Morgen-kreis einstimmt und den Kindern bald vertraut ist.

Material: *ein kleiner Tisch, ein Adventskranz (s. S. 94), ein Stabfeuerzeug*

Vorbereitung: Die Spielleitung stellt einen Tisch in die Kreismitte, auf dem sie den Adventskranz platziert.

Durchführung: Die Spielleitung setzt sich auf ihren Platz. Sie sagt den folgenden Reim und macht macht die passenden Bewegungen dazu vor. Die Kinder ahmen die Bewegung gleich nach.

„Jeden Morgen im Morgenkreis starten wir gemeinsam leis'.

Mit dem Zeigefinger auf den geschlossenen Mund tippen und die andere Hand in die Luft heben

Wir zünden die erste (zweite, dritte, vierte) Kerze an.

Je nachdem, der wievielte Advent gerade ist, eine Faust bilden und ausgehend vom Daumen die entsprechende Anzahl Finger ausstrecken.

Danach ist die Spielzeit dran!"

Die Spielleitung entzündet dann noch am Kranz die entsprechende Anzahl an Kerzen.

Der Winter ist da!

Wer gerne mit den Kindern ein paar Winterspiele durchführen möchte, kann als Einstieg die erste Strophe des Liedes „A, a, a, der Winter, der ist da!" benutzen.

Material: *drei Kalenderblätter bzw. große Landschaftsbilder (Sommer, Herbst und Winter), erste Strophe des volkstümlichen Winterliedes „A, a, a, der Winter, der ist da"*

Vorbereitung: Die Spielleitung wählt passend zu der ersten Strophe des Liedes drei Landschaftsbilder aus.

Durchführung: Die Spielleitung sitzt mit der Gruppe im Stuhlkreis und hebt zu der unten aufgeführten Strophe, die sie vorliest oder vorsingt, die dazugehörigen Landschaftsbilder der Reihe nach in die Luft:

„A, a, a, der Winter, der ist da!
Herbst und Sommer sind vergangen,
Winter, der hat angefangen.
A, a, a, der Winter, der ist da!"

Am Ende wiederholt sie mehrmals die letzte Zeile und klatscht dabei zu jeder Silbe in die Hände. Die Kinder machen sofort mit.

Winteranfang

Das Spiel „Winteranfang" ist ein schöner Einstieg, wenn es draußen schneit und dann weitere Winterspiele im Morgenkreis folgen.

Material: *Wattebäusche, evtl. für die Allerkleinsten jeweils ein Tragetuch, die erste Zeile der ersten Strophe des volkstümlichen Winterlieds „A, a, a der Winter, ist da"*

Vorbereitung: Die Spielleitung übergibt jedem Kind eine Handvoll Wattebäusche. Die Erwachsenen nehmen die Allerkleinsten entweder auf den Arm oder verwenden, falls vorhanden, jeweils ein Tragetuch.

Durchführung: Die Erwachsenen sagen die erste Zeile des volkstümlichen Winterliedes auf:

„A, a, a, der Winter, der ist da!"

Daraufhin werfen alle ihre Wattebäusche, die Schneeflocken darstellen, in die Kreismitte. Liegt der Schnee bzw. die Wattebäusche in der Mitte, klatschen alle vor Freude in die Hände.

Advents-Massage und Weihnachtsduft

2

Die Weihnachts- und Winterzeit entspannt und mit allen Sinnen genießen

Die Vorweihnachtszeit bietet zahlreiche Möglichkeiten, um die Sinne zu verwöhnen und zu entspannen.

In diesem Kapitel werden nun Wahrnehmungsspiele, Pinsel-, Streichel- und Klangmassagen vorgestellt, die allesamt einen Bezug zur Advents- und Winterzeit haben. Sie helfen den Kindern, ihre Sinne zu schärfen, ein gutes Körperschema aufzubauen, zur Ruhe zu kommen und sich in der kalten Jahreszeit rundum wohlzufühlen. Die Wahrnehmungs- und Entspannungsangebote tun den Kindern einfach gut und tragen dazu bei, dass sie eine besonders entspannte und besinnliche Vorweihnachtszeit erleben.

Vier Adventslichter

Material: *vier Adventslichter (s. S. 94), altbekannter Kinderreim „Advent, Advent, ein Lichtlein brennt" (s. S. 27)*

Vorbereitung: Vier Kinder, die Lust haben und es sich zutrauen, gehen in die Kreismitte. Sie erhalten jeweils ihr Adventslicht mit dem LED-Teelicht von der Spielleitung, das auf Knopfdruck leuchtet. Die Spielleitung dunkelt den Raum etwas ab und schon sieht man die Lichter leuchten.

Durchführung: Die Spielleitung sagt gemeinsam mit der Gruppe den altbekannten Kinderreim „Advent Advent, ein Lichtlein brennt" auf und deutet dabei der Reihe nach auf die einzelnen Lichter. Anschließend lassen die Kinder die vier „Adventslichter" in der Kreismitte stehen. Sie setzen sich dann zu den anderen in den Kreis, um von dort aus die vier leuchtenden Lichter in Augenschein zu nehmen.

Ein warmes Bauchgefühl

Material: *für jedes Kind einen Pinsel, für die Allerkleinsten jeweils eine Schafwolldecke o. Ä.*

Vorbereitung: Die Spielleitung übergibt allen Kindern jeweils einen Pinsel.

Durchführung: Die Kinder sitzen im Kreis beisammen. Die Allerkleinsten liegen mit dem Rücken auf jeweils einer Schafwolldecke, vor der stets ein Erwachsener sitzt. Miteinander sollen nun Weihnachtskugeln, Sterne, Herzen und Co. auf den Bauch gemalt werden. Die Spielleitung taucht ihren Pinsel in einen imaginären Farbtopf und macht alles vor. Dabei machen die älteren Kinder mit. Die Allerkleinsten erhalten eine Pinselmassage von den Erwachsenen.

Variation: Anstelle des Bauchs können die Kinder auch einen anderen Körperteil, wie z. B. die Oberschenkel, einen Arm oder die Füße für die Pinselmassage verwenden.

Wohlklingende Weihnachtsmelodie

Material: *eine Spieluhr mit einer Weihnachtsmelodie, für die älteren Kinder jeweils ein Sitzkissen und für die Allerkleinsten jeweils eine Schafwolldecke, evtl. ein traditionelles Weihnachtslied wie z. B. „Ihr Kinderlein kommet" (s. S. 50)*

Vorbereitung: Die Spielleitung holt sich eine Spieluhr und begibt sich damit in die Kreismitte. Die Kinder sitzen auf jeweils einem Kissen im Kreis oder liegen mit dem Rücken auf einer weichen Unterlage vor jeweils einem Erwachsenen, der auf der Kreisbahn kniet.

Durchführung: Die Spielleitung schaltet die Spieluhr ein und geht damit langsam im Uhrzeigersinn herum, sodass die Kinder im Kreis die Spieluhr mit ihren Augen verfolgen und dabei die Melodie aus verschiedenen Richtungen wahrnehmen und genießen können. Während die Melodie zu hören ist, können die Erwachsenen die Allerkleinsten über den Arm, die Beine oder den Kopf streicheln.

Variation: Sollte keine Spieluhr zur Hand sein, kann die Spielleitung auch eine altbekannte Weihnachtsmelodie, wie z. B. „Ihr Kinderlein kommet" summen. Ansonsten verläuft das Spiel so wie oben beschrieben.

Ich wärme dich, Kuscheltier!

Material: *für jedes Kind ein Kuscheltier*

Vorbereitung: Die Spielleitung überreicht jedem Kind ein Kuscheltier und holt sich ebenfalls ein Kuscheltier.

Durchführung: Die Spielleitung liest den Text vor. Dementsprechend streicheln die Kinder ihre Kuscheltiere.

„Liebes Kuscheltier, ich wärme dich!   *Kuscheltiere umarmen.*
Tut dir das gut, dann freue ich mich!

Liebes Kuscheltier, ich habe dich so gern!   *Kuscheltier streicheln.*
Du bist so weich. Du bist mein heller Stern.

Liebes Kuscheltier, frieren musst du nicht.   *Kuscheltier umarmen.*
Ist es dir warm, ist es aus das Gedicht."

Wo ist der Weihnachtsmann?

Bei dem folgenden Spiel sollen die Kinder durch Beobachten und Hinhören herausfinden, wo sich der Weihnachtsmann gerade befindet.

Material: *eine Handglocke mit Griff, evtl. eine Weihnachtsmann-Mütze*

Vorbereitung: Die Spielleitung holt sich eine Weihnachtsmann-Glocke und setzt sich, falls vorhanden, eine Weihnachtsmann-Mütze auf.

Durchführung: Der „Weihnachtsmann" oder die „Weihnachtsfrau" schleicht im Innenkreis herum und läutet irgendwann die Glocke. Danach sagt sie:

„Kinder, wo nur stehe ich?
Zeigt nun alle auf mich!"

Die Kinder deuten vom Platz aus auf die Spielleitung.

Variation: Die Spielleitung geht im Außenkreis herum und bleibt irgendwann hinter einem beliebigen Kind stehen, um von dort aus die Glocke zu läuten. Danach sagt sie:

„Hinter welchem Kind stehe ich?
Dies gerade frage ich mich!"

Die Spielleitung kratzt sich fragend am Kopf und ist gespannt, ob die Kinder wissen, wie das Kind heißt, hinter dem sie gerade steht.

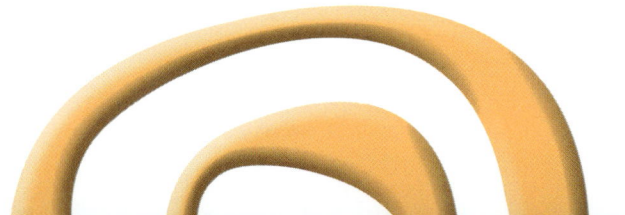

Klangschöne Adventszeit

Das folgende klangpädagogische Angebot entspannt und fördert u. a. das Richtungshören.

Material: *eine Klangschale, evtl. eine Schafwolldecke o. Ä.*

Vorbereitung: Die Spielleitung holt sich eine Klangschale und setzt sich zu den Kindern in den Kreis.

Durchführung: Sie sagt leise:

„So klangvoll und schön fängt die Adventszeit an.
Darum schlage ich mehrmals die Klangschale an.

Die Spielleitung schlägt vom Platz aus die Klangschale an verschiedenen Stellen an.

Ich fühle mich entspannt und einfach gut,
denn der Klang gibt uns allen viel Kraft und Mut."

Schlägt noch einmal die Klangschale an.

Variation: Ein Kind legt sich mit dem Rücken auf eine Schafwolldecke im Inneren des Kreises. Die Spielleitung begibt sich zu dem Kind und spricht den o. g. Text. Passend dazu schlägt sie die Klangschale z. B. direkt neben einem Arm, einem Oberschenkel oder auf dem Bauch des Kindes an. Alle übrigen Kinder, die im Kreis sitzen, beobachten alles genau und genießen die wohltuenden Klänge.

Weihnachtsplätzchen-Streichelmassage

Material: *für die älteren Kinder jeweils ein Sitzkissen, für die Allerkleinsten jeweils eine Schafwolldecke o. Ä., ein Adventsteller (s. S. 98), jede Menge Dinkel-Weihnachtsplätzchen und Dinkel-Doppeldecker-Weihnachtsplätzchen (s. S. 41f.)*

Vorbereitung: Die Spielleitung legt die Dinkel-Weihnachtsplätzchen und Dinkel-Doppeldecker-Weihnachtsplätzchen auf einen Adventsteller.

Durchführung: Die Kinder sitzen auf Kissen im Kreis oder liegen mit dem Rücken auf jeweils einer Schafwolldecke im Inneren des Kreises vor dem stets ein Erwachsener auf der Kreisbahn kniet. Die Spielleitung liest den Text vor, zu dem alle die dazu passenden Bewegungen machen:

„Advent! Es wird Zeit zum Plätzchen backen.
Los! Sonst können wir es nicht mehr packen.

Die flache Hand kreisförmig auf dem Bauch bewegen.

Wir kneten den Teig langsam und fein.
Locker und gut soll der Teig schon sein.

Mit der flachen Hand den Bauch streicheln.

Wir stechen dann alle Plätzchen aus.
So ist es jedes Jahr bei uns zu Haus.

Mit den Daumen und Zeigefinger sanft auf den Bauch tippen.

Die Plätzchen schieben wir in den Ofen rein.
Es duftet im Haus so lecker und fein.

Mit der flachen Hand den Bauch streicheln.

Die fertigen Plätzchen holen wir aus dem Ofen heraus.
Sie riechen so gut und schmecken allen zu Haus!"

Die flache Hand kreisförmig auf dem Bauch bewegen.

Am Schluss geht die Spielleitung mit dem Adventsteller im Innenkreis herum. Die Kinder nehmen sich jeweils ein Plätzchen. Guten Appetit!

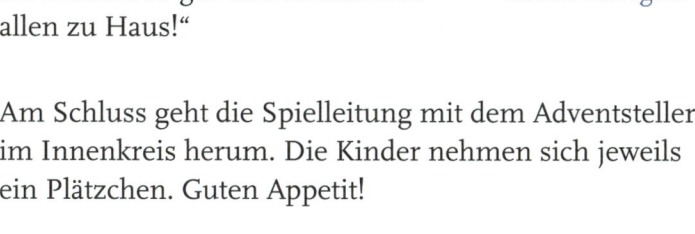

Wohlfühlen mit Weihnachtsmusik

Material: *für jedes Kind eine Schafwolldecke o. Ä., eine getupfte Weihnachtskugel (s. S. 98), traditionelles Weihnachtslied „Stille Nacht, Heilige Nacht!" (s. S. 52)*

Vorbereitung: Die Erwachsenen sitzen im Morgenkreis vor jeweils einem Kind, das mit dem Rücken auf einer Decke liegt. Sie erhalten jeweils eine Weihnachtskugel von der Spielleitung.

Durchführung: Miteinander singen sie z. B. die erste Strophe des Weihnachtslieds „Stille Nacht" und machen dazu die folgenden Bewegungen:

„Stille Nacht, Heilige Nacht! *Mit den Händen über den Kopf streicheln.*

Alles schläft, einsam wacht nur das traute hoch heilige Paar. *Mit der Weihnachtskugel kreisförmig die Arme, den Bauch etc. massieren.*

Holder Knabe im lockigen Haar, schlaf in himmlischer Ruh', schlaf in himmlischer Ruh'!" *Mit den Händen über den Kopf streicheln.*

Die Erwachsenen wiederholen die Strophe noch ein- bis zweimal, bevor sie die Massage beenden und dabei die Kugel kurz auf dem Körper des Kindes ruhen lassen.

Vierundzwanzig kleine Überraschungen

Material: *für die älteren Kinder jeweils ein Kissen, für die Allerkleinsten jedoch jeweils eine Schafwolldecke o. Ä.*

Durchführung: Die älteren Kinder sitzen auf Kissen im Morgenkreis und die Allerkleinsten liegen im Innenkreis mit dem Rücken auf jeweils einer weichen Unterlage, vor der stets ein Erwachsener kniet.
Während nun die Spielleitung den Krabbelvers vorliest, machen die Erwachsenen die dazu passenden Bewegungen auf dem Körper des vor ihnen liegenden Kindes. Die älteren Kinder jedoch dürfen die Krabbelverse alleine durchführen.

"Eine Maus hat einen Adventskalender.
Bitte sehr!
Dieser hat vierundzwanzig Advents-
türchen.
Schau mal her.

Eins, zwei, drei ...!

Ist das letzten Türchen
offen, freut sich die Maus sehr.
Sie krabbelt herum und ist aufgeregt.
Schau mal her!

Und ist das Jesuskind am Heilig Abend da!
Springt sie nach Haus
und ruft ganz laut Hurra!"

*Mit vier Fingern außer dem
Daumen auf dem Arm, Bauch
etc. herumkrabbeln. Dann den
Bauch kreisförmig mit der flachen
Hand streicheln.*

*Danach vierundzwanzig Fingertupfer auf
verschiedenen Körperstellen machen.*

*Mit vier Fingern außer dem Daumen auf
dem Arm, Bauch etc. herumkrabbeln.*

*Mit der flachen Hand den Bauch strei-
cheln. Dann unter den Armen kitzeln,
sodass das Kind vor Freude lacht. Die
Kinder, die im Morgenkreis beisammen
sitzen, dürfen sich gegenseitig kitzeln.*

Schneeflocken-Massage

Material: *für jedes Kind einen Wattebausch und ein Kissen, für die Allerkleinsten
jeweils eine Schafwolldecke o. Ä., traditionelles Weihnachtslied
„Leise rieselt der Schnee" (s. S. 53)*

Vorbereitung: Die Gruppe sitzt im Kreis beisammen. Die Allerkleinsten liegen mit
dem Rücken auf einer weichen Unterlage im Innenkreis, vor der
jeweils ein Erwachsener kniet. Die Spielleitung teilt die Wattebäusche
aus. Für die Allerkleinsten nimmt jeweils ein Erwachsener einen
Wattebausch von der Spielleitung entgegen.

Durchführung: Während nun die Spielleitung das Lied „Leise rieselt der Schnee"
gemeinsam mit den übrigen Erwachsenen summt, beginnt die Spielleitung sich mit dem Wattebausch erst über die Nase, dann die Wangen
und schließlich den Hals zu streicheln. Die Kinder ahmen alles sofort
nach. Die Allerkleinsten genießen die Streichelmassage, die sie von
den Erwachsenen erhalten. Sobald jedoch die Erwachsenen nicht mehr
summen, ist die Streichelmassage beendet.

Schneeflocken schweben ganz leise

Material: *Korb mit vielen Wattebäuschen, traditionelles Weihnachtslied „Leise rieselt der Schnee" (s. S. 53)*

Durchführung: Die Spielleitung und gegebenenfalls noch weitere Erwachsene nehmen sich eine Handvoll Wattebäusche und begeben sich in das Innere des Kreises. Miteinander singen sie die erste Strophe des Liedes „Leise rieselt der Schnee":

„Leise rieselt der Schnee,
still und starr ruht der See,
weihnachtlich glänzet der Wald:
Freue dich, Christkind kommt bald!"

Die Spielleitung geht entweder alleine oder mit weiteren Erwachsenen ganz leise links im Innenkreis entlang der Kinder. Dabei „schneit" es, indem alle Erwachsene zur Freude der Kinder die Wattebäusche auf sie herabrieseln lassen. Die erste Strophe des Liedes wird dabei so lange wiederholt, bis alle Wattebäusche verteilt wurden. Am Ende dürfen die Kinder im Innenkreis mit den Wattebäuschen experimentieren und eine „Schneeballschlacht" veranstalten.

Kleine Gaumenfreude

Hier wird nun das Backrezept für die Dinkelplätzchen vorgestellt, das sich für manches Spiel oder Angebot in diesem Buch bestens eignet. Indem die Kinder ihre leckeren Backwaren nicht nur mit nach Hause nehmen, sondern auch spielerisch einsetzen, erhalten sie eine besonders schöne Wertschätzung für ihre Arbeit, auf die sie zu Recht stolz sein können.

> Beim Backen mit jungen Kindern immer auf die Sicherheit achten. Heiße Backöfen oder Töpfe werden nur von der pädagogischen Fachkraft bedient. Soweit es möglich ist, sollten viele Arbeitsschritte beim Backen/Kochen ohne elektrische Hilfsmittel gemacht werden. Vor allem bei der Teigherstellung helfen die Jüngsten gerne mit und können den Teig mit den Händen erfahren.

Dinkel-Weihnachtsplätzchen *(für ca. 70 Plätzchen)*

Material: *eine große Schüssel, Rührgerät, Nudelholz, Ausstechformen Weihnachten, Backpapier, eine kleine Schüssel, ein paar Backpinsel, evtl. ein Esslöffel und ein kleiner Topf*

Zutaten:
125 g weiche Butter
100 g Zucker
250 g Dinkelmehl
etwas Dinkelmehl für die Arbeitsplatte
1 großes Ei
1/4 Päckchen Backpulver
1/2 Päckchen Vanillezucker
evtl. 100 g Schokolade
evtl. 1 kleines Glas Erdbeermarmelade

Durchführung: Butter, Zucker und Vanillezucker und das Ei mit dem Rührgerät oder den Händen verrühren. Dann das Mehl vermischt mit dem Backpulver allmählich hinzufügen bzw. zu einem Teig verkneten. Etwas Mehl auf der Arbeitsplatte verteilen und den Teig dünn ausrollen und Backpapier auf zwei Backbleche legen.
Die Kinder dürfen jetzt mit den Ausstechformen Herzen, Sterne und Co. aus dem Teig ausstechen. Die Plätzchen werden gemeinsam mit

den Kindern auf die Backbleche verteilt. Dazu können verschiedene Hilfsmittel zum Plätzchentransport ausprobiert werden. Im Backofen werden die Plätzchen bei 180 Grad ca. 12 Minuten goldbraun backen.

Variation: **Dinkel-Doppeldecker-Weihnachtsplätzchen.** Einfach die Hälfte der kalten Plätzchen mit etwas flüssiger Schokolade bestreichen und die andere dazu passende Hälfte als Deckel darauf setzen.

Dazu die Schokolade in kleine Stücke zerteilen, in eine kleine Schüssel geben und am besten in der Mikrowelle bei 600 Watt ca. 2 Minuten schmelzen. Es empfiehlt sich, zwischendurch umzurühren.

Wer möchte, kann die Schokolade auch im Wasserbad schmelzen. Hierfür wird ein kleiner Topf drei Viertel voll mit Wasser gefüllt und das Wasser auf 60 Grad erhitzt. Den Topf dann vom Herd nehmen und die zerkleinerte Schokolade z. B. in eine Metallschüssel und diese schließlich in das Wasserbad geben. Dabei darauf achten, dass die Schüssel nicht auf dem Boden des Topfes steht und die Schokolade nicht mit dem Wasser in Berührung kommt. Dabei immer wieder die Schokolade umrühren und nicht zu heiß werden lassen. Wer möchte, kann auch Marmelade in einem Topf erwärmen und diese dann anstelle der flüssigen Schokolade zum Bestreichen der Hälfte der kalten Plätzchen verwenden.

Hinweis:
Anstelle von Dinkelmehl kann auch Weizenmehl verwendet werden.

Augenschmaus und Gaumenfreude

Material: *für jedes Kind eine Serviette und ein Dinkel-Weihnachtsplätzchen oder ein Dinkel-Doppeldecker-Weihnachtsplätzchen (s. S. 41f.), eine Klangschale*

Vorbereitung: Die Spielleitung legt für jedes Kind ein Plätzchen auf eine Serviette, die sie dann austeilt, sobald alle Kinder im Morgenkreis sitzen. Danach holt sie sich selbst noch eine Serviette mit Plätzchen und eine Klangschale.

Durchführung: Die Spielleitung setzt sich zu den Kindern in den Kreis und sagt:

„Wir können unsere Weihnachtsplätzchen sehen!

Schlägt die Klangschale an.
Alle schauen auf ihre Plätzchen.

Wir können unsere Weihnachtsplätzchen riechen!

Schlägt erneut die Klangschale an.
Alle riechen an ihren Plätzchen.

Wir können unsere Weihnachtsplätzchen essen!
Guten Appetit!"

Schlägt wieder die Klangschale an.
Alle verzehren nun genussvoll ihre
Plätzchen.

Adventslieder und Wintermusik

3

Traditionelle Lieder zum Mitsingen, Musizieren, Tanzen und Fröhlichsein

Was wäre ein Weihnachtsfest ohne die schönen traditionellen Nikolaus-, Weihnachts- und Winterlieder, die schon Generationen vor uns kannten?

Bereits die Allerkleinsten genießen Advents- und Weihnachtslieder, die die Spielleitung bereits früh am Morgen im Hintergrund leise erklingen lassen kann. Dabei lieben sie es, wenn sie von einem Erwachsenen, der ihnen vertraut ist, auf den Arm genommen und dann sanft im Takt zu der Melodie geschaukelt werden. Außerdem haben Kleinkinder viel Freude daran, entweder mit einfachen Rhythmusinstrumenten oder gar mit ihrem Körper als Instrument eine Melodie zu begleiten.

In diesem Kapitel gibt es altbekannte Lieder mit Noten, die sich für so manche Praxisidee aus diesem Buch bestens anbieten und somit auf vielfältige Weise genutzt werden können. Dabei wurden bewusst nur solche Liedstrophen ausgewählt, die sich für die Kleinsten eigenen. Aus diesem Grund stehen nicht bei allen Liedern sämtliche Strophen. Unabhängig davon geht es nicht darum, dass die Kinder irgendwelche Liederzeilen auswendig lernen sollen. Vielmehr stehen der Spaß und die Freude an der Musik rund um die Advents-, Weihnachts- und Winterzeit im Vordergrund.

Jingle Bells

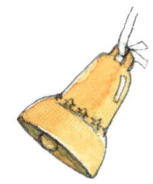

Text und Melodie: James Lord Pierpont (1822–1893)

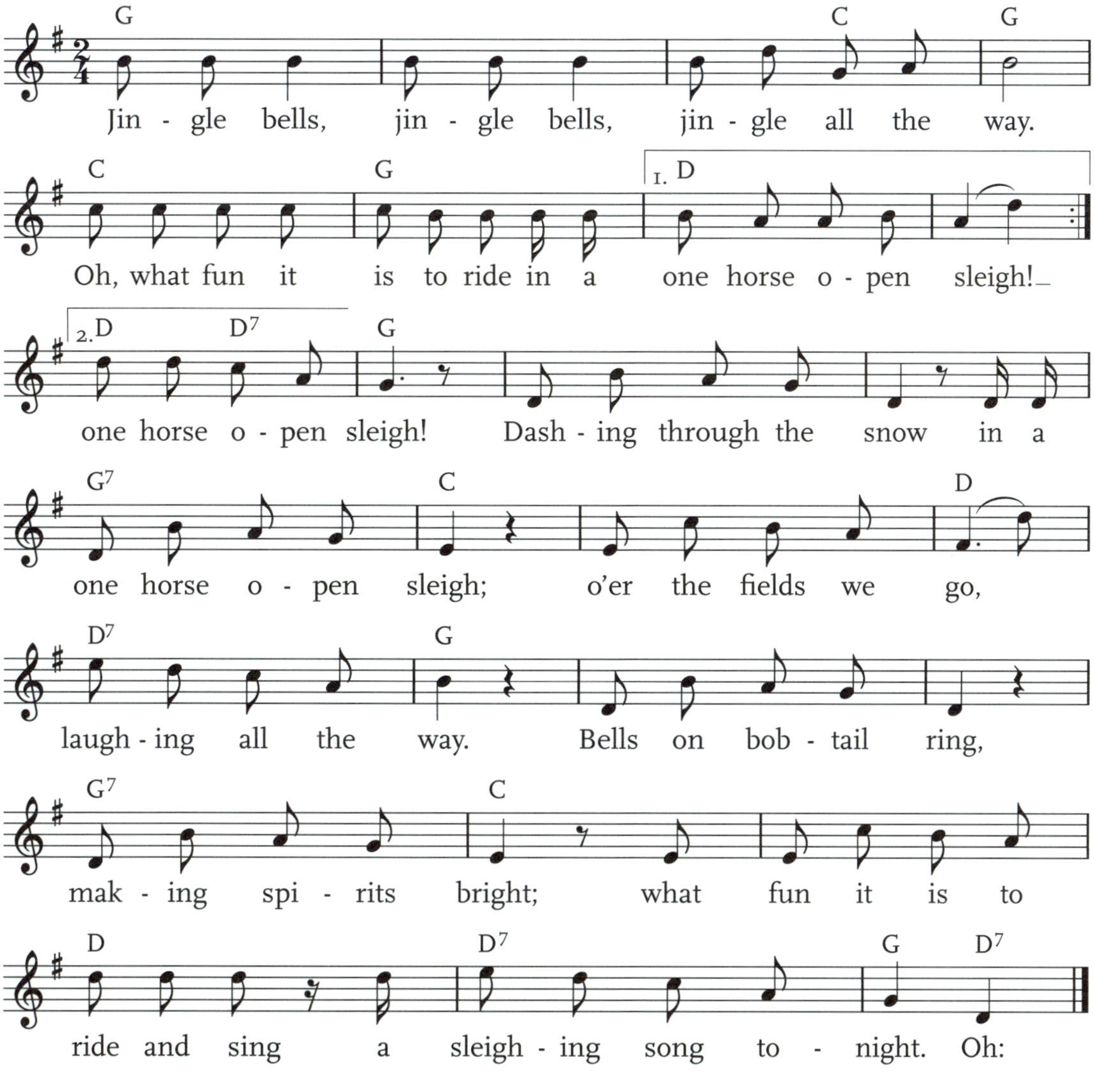
G C G
Jin - gle bells, jin - gle bells, jin - gle all the way.
C G 1. D
Oh, what fun it is to ride in a one horse o - pen sleigh!
2. D D7 G
one horse o - pen sleigh! Dash - ing through the snow in a
G7 C D
one horse o - pen sleigh; o'er the fields we go,
D7 G
laugh - ing all the way. Bells on bob - tail ring,
G7 C
mak - ing spi - rits bright; what fun it is to
D D7 G D7
ride and sing a sleigh - ing song to - night. Oh:

Deutsche Fassung *(Verfasser unbekannt)*:

Jingle Bells, Jingle Bells,
klingt's durch Eis und Schnee.
Morgen kommt der Weihnachtsmann,
kommt dort von der Höh'.
Jingle Bells, Jingle Bells,
es ist wie ein Traum.
Bald schon brennt das Lichtlein hell
bei uns am Weihnachtsbaum.

Wenn die Winterwinde weh'n,
wenn die Tage schnell vergeh'n,
wenn im Schranke ganz geheimnisvoll,
die bunten Päckchen steh'n.
Dann beginnt die schöne Zeit,
auf die jeder sich schon freut.
Und die Menschen seh'n so freundlich aus
und singen weit und breit.

Lasst uns froh und munter sein

Volkslied, 19. Jahrhundert

1. Lasst uns froh und munter sein und uns recht von Herzen freun! Lustig, lustig, tra - la - la - la - la! Bald ist Nikolaus - abend da, bald ist Nikolaus - abend da!

2. Dann stell' ich den Teller auf,
   Nik'laus legt gewiss was drauf.
   Lustig, lustig ...

3. Wenn ich schlaf', dann träume ich,
   jetzt bringt Nik'laus was für mich!
   Lustig, lustig ...

4. Wenn ich aufgestanden bin,
   lauf ich schnell zum Teller hin.
   Lustig, lustig ...

5. Nik'laus ist ein guter Mann,
   dem man nicht genug danken kann.
   Lustig, lustig ...

Ein kleines Nikolaus-Singspiel

Material: *für jedes Kind eine Rassel, Volkslied „Lasst und froh und munter sein"*

Vorbereitung: Jedes Kind erhält von der Spielleitung eine Rassel. Sie selbst nimmt sich auch eine Rassel und setzt sich zu den Kindern in den Morgenkreis.

Durchführung: Während nun alle das Lied singen, schütteln sie im Takt zur Melodie ihre Rasseln.

Bei der zweite Strophe jedoch legen die Kinder ihre Rasseln ab. Erfolgt der Refrain, klatschen sie im Takt in die Hände.

Bei der dritten Strophe tun sie so, als ob sie schlafen würden. Danach klatschen sie wieder im Takt in die Hände.

Bei der vierten Strophe stampfen sie im Takt auf den Boden. Danach nehmen die Kinder ihre Rasseln wieder auf und begleiten nun so lange den Rhythmus der Melodie, bis das Lied beendet ist.

Morgen, Kinder, wird's was geben

Volkslied, 19. Jahrhundert

1. Mor - gen, Kin - der wird's was ge - ben, mor gen
   Welch ein Ju - bel, welch ein Le - ben wird in

wer - den wir uns freu'n! Ein - mal wer - den
un - ser'm Hau - se sein!

wir noch wach, hei - ßa, dann ist Weih - nachts - tag!

2. Wie wird dann die Stube glänzen
   von der großen Lichterzahl,
   schöner als bei frohen Tänzen
   ein geputzter Kronensaal.
   Wisst ihr noch vom vor'gen Jahr,
   wie's am Weihnachtsabend war?

3. Welch' ein schöner Tag ist morgen!
   Viele Freunde hoffen wir;
   uns're lieben Eltern sorgen
   lange, lange schon dafür.
   O gewiss, wer sie nicht ehrt,
   ist der ganzen Lust nicht wert!

Welch ein Jubel!

Material: *Traditionelles Weihnachtslied „Morgen, Kinder, wird's was geben"*

Durchführung: Die Spielleitung wählt ein beliebiges Kind aus, das sich zu ihr in die Kreismitte stellen darf. Alle übrigen Kinder sitzen im Kreis.
Die Spielleitung singt die erste Strophe des Liedes und tanzt dabei Hand in Hand gemeinsam mit dem Kind im Kreis herum. Die übrigen Kinder klatschen rhythmisch in die Hände. Sobald sie jedoch die letzte Zeile „... heißa dann ist Weihnachtstag!" singt, hebt sie das Kind vor Freude in die Luft. Alle übrigen Kinder springen auf oder strecken ihre Arme vom Platz aus in die Luft.
Das Singspiel wird einige Male mit stets einem anderen Kind in der Kreismitte wiederholt.

Hinweis:
Besonders schön ist es, wenn mehrere Erwachsene das Lied singen und in der Kreismitte jeweils ein Kind, so wie im vorherigen Spiel beschrieben, in die Luft heben.

Ihr Kinderlein kommet

Text: Christoph von Schmid (1768–1854)
Melodie: Johann Abraham Peter Schulz (1747–1800)

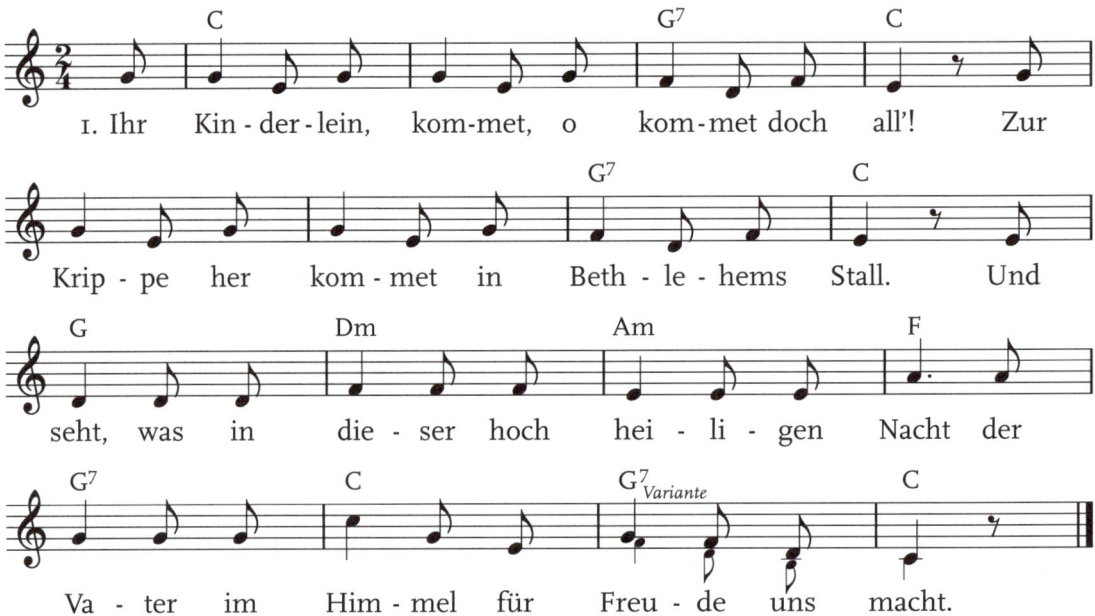

1. Ihr Kin-der-lein, kom-met, o kom-met doch all'! Zur Krip-pe her kom-met in Beth-le-hems Stall. Und seht, was in die-ser hoch hei-li-gen Nacht der Va-ter im Him-mel für Freu-de uns macht.

2. O seht in der Krippe, im nächtlichen Stall,
   seht hier bei des Lichtleins hellglänzendem Strahl
   in reinlichen Windeln das himmlische Kind,
   viel schöner und holder, als Englein es sind.

3. Da liegt es, das Kindlein, auf Heu und auf Stroh;
   Maria und Joseph betrachten es froh.
   Die redlichen Hirten knien betend davor,
   hoch oben schwebt jubelnd der Engelein Chor.

Kommt zur Weihnachtskrippe

Material: *ein Puppenbett, eine Puppe, Stroh,*
Weihnachtslied „Ihr Kinderlein kommet"

Vorbereitung: Die Spielleitung stellt ein Puppenbett in die Kreismitte, legt in das Bett etwas Stroh und zieht eine Puppe bis auf das Höschen aus. Die Puppe stellt das Jesuskind in der Krippe dar. Sie legt die Puppe in das Puppenbett.

Durchführung: Die Spielleitung singt die ersten beiden Zeilen der ersten Strophe des Liedes „Ihr Kinderlein kommet":

„Ihr Kinderlein kommet, o kommet doch all'!
Zur Krippe her kommet in Bethlehems Stall."

Sie winkt die Kinder im Raum herbei und wiederholt die beiden Zeilen so lange, bis sich alle im Kreis um das Puppenbett herum versammelt haben. Dabei können die Kinder kräftig mitsingen. Danach deutet die Spielleitung auf die „Krippe" und sagt:

„Wir begrüßen das liebe Jesuskind in unserem Kreis.
Warum feiern wir Weihnachten? Wer das von euch wohl schon weiß?"

Wird das Spiel an jedem Dezembertag bis Weihnachten wiederholt, werden die älteren Kinder bald die Antwort kennen, die „Geburt von Jesus Christus" oder einfach ausgedrückt der „Geburtstag von Jesus" heißt.

Stille Nacht, heilige Nacht!

Text: Joseph Mohr (1792–1848)
Melodie: Franz Xaver Gruber (1787–1863)

1. Stil - le Nacht, hei - li - ge Nacht! Al - les schläft,
ein - sam wacht nur das trau - te hoch - hei - li - ge Paar.
Hol - der Kna - be im lo - cki - gen Haar, schlaf in
himm - li - scher Ruh, schlaf in himm - li - scher Ruh!

2. Stille Nacht, heilige Nacht!
   Gottes Sohn, o wie lacht
   lieb' aus deinem göttlichen Mund,
   da uns schlägt die rettende Stund':
   Jesus in deiner Geburt.
   Jesus in deiner Geburt.

3. Stille Nacht, heilige Nacht!
   Hirten erst kundgemacht,
   durch der Engel Halleluja
   tönt es laut von Fern und Nah:
   Jesus, der Retter ist da!
   Jesus, der Retter ist da!

Alles schläft!

Material: *für jedes Kind ein Kissen, eine Weihnachtskrippe, traditionelles
Weihnachtslied „Stille Nacht, heilige Nacht!"*

Die Kinder legen sich kreisförmig auf den Boden. Der Kopf ruht auf einen Kissen.
Die Spielleitung summt leise die erste Strophe des Liedes, deren Melodie die Kinder
ebenfalls summen können. Dabei streicht sie den einzelnen Kindern über den Kopf.
Am Ende singt sie die erste Strophe des Liedes und bittet dann alle Kinder sich langsam wieder aufzusetzen. Sitzen alle im Kreis beisammen, stellt sie die Weihnachtskrippe in die Kreismitte, die nun alle in Augenschein nehmen.

Leise rieselt der Schnee

Text und Melodie: Eduard Ebel (1839–1905)

1. Lei - se rie - selt der Schnee, still und starr liegt der See, weih - nacht - lich glän - zet der Wald: Freu - e dich, Christ - kind kommt bald!

2. In den Herzens ist's warm,
   still schweigt Kummer und Harm.
   Sorge des Lebens verhallt:
   Freue dich, Christkind kommt bald!

3. Bald ist heilige Nacht,
   Chor der Engel erwacht,
   hört nur, wie lieblich es schallt:
   Freue dich, Christkind kommt bald!

Leiser Schneeflockentanz

Material: *traditionelles Weihnachtslied „Leise rieselt der Schnee"*

Die Spielleitung steht mit den Kindern auf der Kreisbahn und alle lassen es schneien, indem sie ihre Arme in die Luft strecken und die Finger zappeln lassen. Danach tanzen sie ganz leise auf Zehenspitzen durch den Raum.
Dabei singt die Spielleitung die erste Strophe des Lieds.
Am Schluss bleiben alle stehen und lassen sich leise zu Boden fallen.

Kling, Glöckchen, klingelingeling

Text: Karl Enslin (1814–1875)
Melodie: Benedikt Widmann (1820–1910)

1. Kling, Glöck-chen, klin-ge-lin-ge-ling, kling Glöck-chen, kling!
Lasst mich ein, ihr Kin-der, 's ist so kalt der Win-ter,
öff-net mir die Tü-ren, lasst mich nicht er-frie-ren!
Kling, Glöck-chen, klin-ge-lin-ge-ling, kling Glöck-chen, kling!

2. Kling, Glöckchen, klingelingeling,
kling, Glöckchen, kling!
Mädchen hört und Bübchen,
macht mir auf das Stübchen,
bring' euch milde Gaben,
sollt' euch dran erlaben!
Kling ...

3. Kling, Glöckchen, klingelingeling,
kling, Glöckchen, kling!
Hell erglühn die Kerzen,
öffnet mir die Herzen,
will drin wohnen fröhlich,
frommes Kind, wie selig.
Kling ...

Glöckchen klingen, wir wollen singen!

Material: *für jedes Kind ein Glöckchen oder einen Schellenkranz o. Ä., erste Strophe des traditionellen Weihnachtsliedes „Kling, Glöckchen, klingelingeling"*

Durchführung: Die Spielleitung teilt rasch die Glöckchen und Schellenkränze im Morgenkreis aus. Dann sagt sie den folgenden Spruch zu dem die Kinder sofort die dazu passenden Bewegungen von ihr nachahmen:

„Wir starten mit einem Weihnachtslied heute,
das bereitet uns allen ganz viel Freude!

Aufeinander deuten und dann beide Arme in die Luft heben.

Bevor wir jedoch miteinander singen im Morgenkreis,
läuten wir unsere Glöckchen und sind dann ganz leis."

Alle bringen ihre Glöckchen zum Klingen und werden dann wieder leise.

Sind alle Glöckchen wieder leise, beginnt die Spielleitung die erste Strophe des Liedes zu singen. Die Kinder singen nach Herzenslust mit und lassen ihre Rhythmusinstrumente passend dazu stets bei den Wörtern „Kling" und „Klingelingeling" erklingen.

O Tannenbaum

Text: Ernst Anschütz und Joachim A. Zarnack (1777–1827)
Melodie: Volksweise geschrieben in Westfalen um 1800

1. O Tan - nen - baum, o Tan - nen - baum, wie grün sind dei - ne

Blät - ter! Du grünst nicht nur zur Som - mers - zeit, nein,

auch im Win - ter, wenn es schneit. O Tan - nen - baum, o

Tan - nen - baum, wie grün sind dei - ne Blät - ter.

2. O Tannenbaum, o Tannenbaum,
   du kannst mir sehr gefallen.
   Wie oft hat nicht zur Weihnachtszeit
   ein Baum von dir mich hoch erfreut!
   O Tannenbaum, o Tannenbaum,
   du kannst mir sehr gefallen!

3. O Tannenbaum, o Tannenbaum,
   dein Kleid will mich was lehren.
   Die Hoffnung und Beständigkeit
   gibt Trost und Kraft zu jeder Zeit.
   O Tannenbaum, o Tannenbaum,
   dein Kleid will mich was lehren.

O Tannenbaum-Freudentanz

Material: *für jedes Kind zwei kleine Tannenzweige, erste Strophe des traditionellen Weihnachtslieds „O Tannenbaum"*

Vorbereitung: Die Spielleitung teilt die Tannenzweige aus.

Durchführung: Die Kinder stehen im Kreis. Alle heben ihre Zweige in die Luft und singen die erste Strophe des Liedes. Danach drehen sie sich um die eigene Achse. Erst wenn wieder „O Tannenbaum ..." gesungen wird, bleiben sie stehen und heben ihre Zweige in die Luft. Sobald die Strophe beendet ist, summt die Spielleitung noch einmal die Melodie und geht gemeinsam mit den Kindern in den Innenkreis, um die Zweige auf den Boden zu legen. Die Kinder gehen dann wieder auf den Ausgangsplatz zurück, um die Zweige von dort aus noch einmal in Augenschein zu nehmen. Dabei sagt nun die Spielleitung die erste Strophe des Liedes auf.

Glöckchen läuten

Material: *für jedes Kind ein Sitzkissen und ein kleines Glöckchen, für die Allerkleinsten jeweils eine Schafwolldecke o. Ä., Weihnachtslied „Jingle Bells" (s. S. 45)*

Vorbereitung: Die Kinder sitzen auf Kissen im Kreis oder liegen mit dem Rücken auf einer Schafwolldecke im Inneren des Kreises. Dann kniet jeweils ein Erwachsener direkt vor einem liegenden Kind. Die Spielleitung teilt die Glöckchen aus. Die Erwachsenen nehmen stellvertretend für die Allerkleinsten jeweils ein Glöckchen von der Spielleitung entgegen.

Durchführung: Während nun die Spielleitung entweder alleine oder gemeinsam mit anderen Erwachsenen das Weihnachtslied „Jingle Bells" singt, dürfen die Kinder ihre Glöckchen dazu läuten. Bei den Allerkleinsten übernehmen dies die Erwachsenen und zwar so, dass die Kinder das Glöckchen stets im Blick haben.

Variation: Die Gruppe steht mit ihren Glöckchen in der Hand im Kreis beisammen. Die Erwachsenen tragen die Allerkleinsten auf dem Arm. Beim Refrain drehen sich alle um die eigene Achse und läuten dabei mit dem Glöckchen.

Schneeflöckchen, Weißröckchen

Text: Hedwig Haberkern (1837–1902)

1. Schnee - flöck - chen, Weiß röck - chen, wann kommst du ge - schneit? Du kommst aus den Wol - ken, dein Weg ist so weit.

2. Komm, setz' dich ans Fenster, du lieblicher Stern!
   Malst' Blumen und Blätter, wir haben dich gern.

3. Schneeflöckchen, du deckst uns die Blümelein zu,
   dann schlafen sie sicher in himmlischer Ruh'.

4. Schneeflöckchen, Weißröckchen, komm zu uns in Tal.
   Dann bau'n wir den Schneemann und werfen den Ball.

Schneetreiben

Material: *erste Strophe des traditionellen Winterliedes „Schneeflöckchen, Weißröckchen"*

Vorbereitung: Die Spielleitung stellt alle Stühle so im Kreis auf, dass die Stuhllehnen in Richtung Kreismitte zeigen. Die Kinder knien dann direkt vor ihren Stühlen.

Durchführung: Die Spielleitung erzählt den Kindern, dass sie nun den Schnee herbeisingen und -trommeln wollen. Die Spielleitung singt das Lied und die Kinder machen sofort alles nach:

„Schneeflöckchen, Weißröckchen, wann kommst du geschneit? Du wohnst in den Wolken, dein Weg ist so weit."

Die Kinder tippen im Takt mit ihren Fingern auf die Stühle und schauen dann in Richtung Decke.

Danach sagt die Spielleitung:

„Auf einmal schneit es immer mehr. Das gefällt allen Kindern sehr!"

Sie trommeln immer kräftiger mit den Fingern auf die Sitzfläche.

Am Ende klatschen alle vor Freude in die Hände.

Adventsspiele und Weihnachtstänze

4

Allerlei Spiele und Kreistänze für die Vorweihnachtszeit

Kurze Spiele und Kreistänze in der Vorweihnachtszeit bieten sich insbesondere im Morgenkreis an. Sie wecken die Vorfreude auf das große Fest und steigern das Zugehörigkeits- und Gemeinschaftsgefühl. Für Kinder ist es ein schönes Ritual, wenn sie jeden Dezembertag tanzend und fröhlich, im Kreise ihrer Spielkameraden beginnen dürfen. Dabei spüren sie das harmonische Miteinander, sodass alle entspannt in den Tag starten.

Es werden nun jede Menge schnell umsetzbare Spiele und Kreistänze für den Morgenkreis präsentiert, die sich zum Bewegen, Mitmachen und Fröhlichsein besonders gut anbieten. Sie fördern die Sprachentwicklung, das Rhythmusgefühl und nicht zuletzt die motorischen Fähigkeiten. Darüber hinaus tragen sie im Morgenkreis zu einer schönen Adventsatmosphäre bei.

Fröhlich und munter hüpfen

Die Kinder dürfen sich warm hüpfen und so auch ihre Vorfreude auf den bevorstehenden Nikolausabend zum Ausdruck bringen.

Material: *Traditionelles Nikolauslied „Lasst uns froh und munter sein" (s. S. 46)*

Vorbereitung: Evtl. für jedes Kind ein Paar Winterstiefel, mit denen die Kinder anstelle von Stühlen oder Sitzkissen einen Kreis bilden.

Durchführung: Alle Kinder stellen sich im Kreis auf. Die Erwachsenen tragen die Allerkleinsten auf dem Arm. Alle singen miteinander die erste Strophe des Liedes „Lasst und froh und munter sein". Bei „Lustig, lustig, tralalalala" machen alle Luftsprünge, sodass es ihnen warm wird.

Variation: Das Spiel verläuft zunächst so wie oben beschrieben. Sobald jedoch die Kinder "Lustig, lustig, tralalalala" singen, hüpft jedes Kind vergnügt im Takt um seine Stiefel herum.

Wir hüpfen uns warm!

Material: *zwei Handpuppen (Kind und Großmutter)*

Vorbereitung: Die Spielleitung stellt den Kindern die zwei Handpuppen vor, die sich nun über den Winter unterhalten. Die Großmutter hat jedoch ihr Hörgerät vergessen. Wird wohl die Großmutter alles richtig verstehen, was das Kind sagt?

Durchführung: Kind: „Hallo Großmutter! Draußen ist es kalt!"
Großmutter: „Liebes Kind, du bist doch nicht im Wald!"
Kind: „Ich meinte doch nur, es ist kalt im Winter!"
Großmutter: „Ach so, du meinst es ist kalt im Winter!"

Die Spielleitung sagt dann ohne eine Handpuppe zu den Kindern: „Und nun wird es uns gleich warm, liebe Kinder!"

Die Spielleitung fordert dann alle Kinder auf, sich warm zu hüpfen. Danach verabschieden sich das Kind und die Großmutter von der Gruppe und wünschen allen noch eine schöne Spielzeit.

Wer sitzt im Iglu?

Material: *ein kleiner, am besten runder Tisch, ein großes weißes Leinentuch*

Vorbereitung: Die Spielleitung stellt einen kleinen runden Tisch in die Kreismitte und breitet ein weißes Leinentuch über den Tisch aus, das den Boden streift.

Durchführung: Während nun alle Kinder im Morgenkreis beisammensitzen und ihre Augen schließen, nimmt sie heimlich irgendein Kind an der Hand, das seine Augen öffnet und sich unter dem Tisch verstecken darf.

Danach sagt die Spielleitung:

„Es weht ein kalter Wind!
Im Iglu sitzt ein Kind!"

Die Kinder öffnen ihre Augen und schauen sich in der Runde um. Wer weiß wohl, wie das Kind im Iglu bzw. unter dem Tisch heißt? Zur Kontrolle krabbelt das Kind unter dem Iglu wieder hervor und setzt sich in den Morgenkreis. Auf diese Weise finden noch ein paar weitere Spielrunden statt.

Variation: Es verläuft alles so wie im Spiel beschrieben, jedoch wählt die Spielleitung zwei Kinder aus, die sich gemeinsam unter dem Tisch verstecken dürfen. Danach sagt sie:

„Es ist so kalt im Winter!
Im Iglu sitzen zwei Kinder!"

Die übrigen Kinder sollen nun herausfinden, wie die beiden Kinder heißen, die sich im Iglu bzw. unter dem Tisch verstecken dürfen.

Weihnachtstanz im Lichterglanz

Material: *vier große dicke Kerzen in Einmachgläsern, ein Stabfeuerzeug, evtl. für die Allerkleinsten jeweils ein Tragetuch, traditionelles Weihnachtslied (z. B. „Leise rieselt der Schnee" (s. S. 53)), eine Klangschale*

Vorbereitung: Je nachdem, der wievielte Advent gerade ist, entzündet die Spielleitung in der Kreismitte die entsprechende Anzahl an Kerzen und dunkelt den Raum etwas ab. Die Erwachsenen tragen die Allerkleinsten in einem Tragetuch, sodass sie die Hände frei haben.

Durchführung: Alle stehen Hand in Hand im Kreis beisammen und gehen langsam im Uhrzeigersinn herum. Dabei summt die Spielleitung die Melodie eines bekannten Weihnachtsliedes, z. B. „Leise rieselt der Schnee". Danach bleiben alle stehen, um die leuchtenden Kerzen ausgiebig in Augenschein zu nehmen. Dabei lässt die Spielleitung mehrmals die Klangschale erklingen.

Rentier-Musikstopp

Material: *CD mit einem flotten Winter- oder Weihnachtslied (z. B. „Jingle Bells"), Abspielgerät*

Durchführung: Die Spielleitung schaltet die Musik ein. Die Kinder spielen Rentiere und krabbeln im Innenkreis auf allen Vieren herum. Sobald jedoch die Spielleitung die Pausentaste des Abspielgeräts drückt, bleiben alle Rentiere bzw. Kinder stehen, um eine kurze Verschnaufpause zu machen. Erst wenn die Musik wieder erklingt, setzen die Kinder das Spiel fort. Das Spiel verläuft so immer weiter, bis die Musik beendet ist. Danach geht's rasch in Richtung Stall bzw. Morgenkreis.

Im Rentierstall des Weihnachtsmanns

Material: *für jedes Kind ein Kissen, eine Handglocke mit Griff, eine Klangschale, evtl. eine Weihnachtsmann-Mütze*

Vorbereitung: Die Spielleitung platziert vor jedem Stuhl ein Kissen und setzt sich, falls vorhanden, eine Weihnachtsmann-Mütze auf. Sie holt sich eine Weihnachtsmann-Glocke, stellt sich in die Kreismitte und spielt den Weihnachtsmann oder die Weihnachtsfrau.

Durchführung: Die Kinder spielen Rentiere und krabbeln so lange im Innenkreis herum, bis die Spielleitung die Glocke läutet. In diesem Moment wird es für die Rentiere Zeit den Stall aufzusuchen bzw. für die Kinder sich auf jeweils ein freies Kissen zu setzen. Sobald alle Kinder ein Kissen ergattern konnten, lässt die Spielleitung die Klangschale erklingen. Ist der Klang verklungen, sind alle Rentiere bzw. Kinder ausgeruht und können, falls sie noch Lust haben, eine neue Spielrunde im Innenkreis starten.

Variation: Der Weihnachtsmann oder die Weihnachtsfrau teilt der Gruppe mit, wie sie sich im Innenkreis bewegen soll. Die Kinder können in der Rolle als Rentiere z. B. auf allen Vieren rückwärts im Innenkreis herumkrabbeln oder einfach herumlaufen.

Schöne Bescherung

Material: *eine Kiste mit vielen kleinen Spielsachen, wie z. B. eine Puppe, ein Spielzeugauto und ein Ball, eine Klangschale, Tannenzweige, evtl. Weihnachtsbaumkugeln oder sonstigen Weihnachtsbaumschmuck*

Vorbereitung: Ein Erwachsener nimmt sich ein paar geschmückte Tannenzweige in die Hand, und stellt sich als „Weihnachtsbaum" in die Kreismitte. Die Spielleitung holt sich die Kiste mit den Spielsachen und jedes Kind nimmt sich etwas Schönes aus der Kiste.

Durchführung: Die Kinder dürfen nun der Reihe nach möglichst leise in Richtung „Weihnachtsbaum" gehen, um ihre Spielsachen darunter zu legen. Danach bilden sie einen Kreis und gehen langsam links um den „Weihnachtsbaum" herum. Während nun die Kinder die Sachen begutachten, schlägt die Spielleitung immer wieder die Klangschale an. Erst wenn sie damit aufhört, setzen sich alle Kinder und auch der Erwachsene, der den Weihnachtsbaum spielt, wieder in den Morgenkreis.

Variationen: Ein Kind darf den „Weihnachtsbaum" spielen und sich mit den geschmückten Tannenzweigen in der Hand auf einen Stuhl in die Kreismitte setzen. Die Kinder singen zusammen mit der Spielleitung das Lied „O Tannenbaum" (s. S. 56) während sie um den „Weihnachtsbaum" tanzen.

Viele Weihnachtsbäume

Material: *Weihnachtslied „O Tannenbaum" (s. S. 56)*

Durchführung: Miteinander singen alle die erste Strophe des altbekannten Liedes „O Tannenbaum", zu dem sie folgenden Bewegungen machen:

„O Tannenbaum, o Tannenbaum, wie grün sind deine Blätter.

Mit beiden Händen ein spitzes Dach über dem Kopf machen.

Du grünst nicht nur zur Sommerzeit, nein, auch im Winter, wenn es schneit.

Sonne bzw. eine Hand mit gespreizten Fingern zeigen. Danach alle Finger zappeln lassen.

O Tannenbaum, o Tannenbaum, wie grün sind deine Blätter."

s. o.

Glöckchen-Kniereiter

Material: *für jedes Kind einen Schellenkranz o. Ä., traditionelles Weihnachtslied "Kling, Glöckchen, klingelingeling" (s. S. 54)*

Vorbereitung: Die Spielleitung teilt die Rhythmusinstrumente aus.

Durchführung: Einige Kinder sitzen auf dem Schoß der Erwachsenen im Kreis und zwar so, dass sich beide gegenseitig anschauen können. Die Erwachsenen stützen dabei den Rücken der Kleinen. Die restlichen Kinder erhalten von der Spielleitung jeweils einen Schellenkranz. Während nun die Erwachsenen das Weihnachtslied "Kling, Glöckchen, klingelingeling" singen und dabei die Kinder im Takt auf ihren Oberschenkeln reiten lassen, begleiten die anderen Kinder kurz die Melodie mit ihren Rhythmusinstrumenten. Das geht so lange, bis das Lied beendet ist. Danach wird gewechselt, sodass alle Kinder den Kniereiter machen können.

Wer läutet die Weihnachtsglocke?

Material: *eine Glocke mit Griff*

Vorbereitung: Die Spielleitung legt eine Weihnachtsmann-Glocke in die Kreismitte.

Durchführung: Ein beliebiges Kind kniet direkt vor der Spielleitung, die gemeinsam mit den übrigen Kindern im Morgenkreis sitzt. Es legt seinen Kopf auf den Schoss der Spielleitung, die heimlich auf ein Kind deutet, das sich die Weihnachtsglocke holt und in der Kreismitte läutet. Dabei ruft es z. B. laut "Ho ho ho!". Das Kind soll nun erraten, ob die "Weihnachtsfrau" oder der "Weihnachtsmann" gerade läutet. Zur Kontrolle dreht sich das Kind um und schaut nach, ob ein Mädchen oder ein Junge gerade in der Kreismitte steht.
Danach findet eine neue Spielrunde mit einem anderen Kind statt, das auf die gleiche Weise ein Kind anhand der Stimme herausfinden darf.

Einfachere Variation: Ein Kind, das vor der Spielleitung kniet, beobachtet genau, wer auf Anweisung der Spielleitung hin die Glocke in der Kreismitte läuten darf. Weiß das Kind, ob es sich um die „Weihnachtsfrau" bzw. den „Weihnachtsmann" handelt? Falls nicht, dürfen die anderen Kinder behilflich sein. Auf diese Weise finden noch ein paar Spielrunden statt.

Wer tanzt da mit dem Weihnachtsmann?

Material: *eine Weihnachtsmann-Mütze oder eine Weihnachtsmann-Handpuppe o. Ä., CD mit flotter Weihnachtsmusik, wie z. B. „Jingle Bells", Abspielgerät*

Vorbereitung: Die Spielleitung setzt sich entweder eine Weihnachtsmann-Mütze auf oder holt sich eine Weihnachtsmann-Handpuppe, z. B. aus Stoff.

Durchführung: Die Spielleitung schaltet die Musik ein und betritt entweder selbst in der Rolle als Weihnachtsmann/Weihnachtsfrau oder mit einer Puppe, die den Weihnachtsmann/die Weihnachtsfrau darstellt, die Kreismitte. Sie fordert ein beliebiges Kind zum Tanzen auf, indem sie ihm beide Hände reicht. Zu zweit tanzen sie dann im Takt zur Musik im Inneren des Kreises herum. Die übrigen Kinder, die auf der Kreisbahn sitzen, klatschen rhythmisch in die Hände. Irgendwann bringt die Spielleitung das Kind auf seinen Platz zurück, um mit einem anderen Kind Hand in Hand rhythmisch im Innenkreis zu tanzen. Dabei klatschen die übrigen Kinder wieder im Takt zur Musik einfach mit. Auf diese Weise geht das Tanzspiel immer weiter, bis die Musik beendet ist.

Variation: Die Spielleitung bittet der Reihe nach ein paar Kinder in den Innenkreis, die im Takt zur Musik tanzen dürfen. Die überwiegende Mehrheit, die im Kreis sitzt, klatscht dabei rhythmisch mit. Das geht so lange, bis die Spielleitung die Pausentaste des Abspielgeräts drückt und eine neue Tanzrunde mit ein paar anderen Kindern im Innenkreis eröffnet. So geht's immer weiter, bis die Musik aus ist.

Lichtertanz im Advent

Material: für jedes Kind ein Adventslicht mit jeweils einem LED-Teelicht (s. S. 94),
Weihnachtskrippe, CD mit Weihnachtslied „Ihr Kinderlein kommet",
für die Allerkleinsten jeweils ein Tragetuch, Abspielgerät

Vorbereitung: Die Spielleitung stellt die Adventslichter kreisförmig
und nicht zu nah beisammen auf den Boden und
stellt in jedes ein LED-Teelicht hinein, das sie zuvor
auf Knopfdruck einschaltet. Sie stellt in die Mitte die
Weihnachtskrippe und dunkelt den Raum etwas ab.

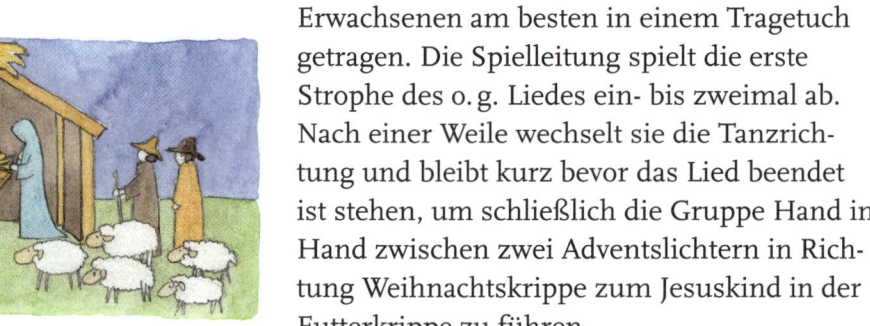

Durchführung: Die Spielleitung geht gemeinsam mit den Kindern Hand in Hand um
die Adventslichter herum. Die Allerkleinsten werden von jeweils einem

Erwachsenen am besten in einem Tragetuch
getragen. Die Spielleitung spielt die erste
Strophe des o. g. Liedes ein- bis zweimal ab.
Nach einer Weile wechselt sie die Tanzrich-
tung und bleibt kurz bevor das Lied beendet
ist stehen, um schließlich die Gruppe Hand in
Hand zwischen zwei Adventslichtern in Richtung Weihnachtskrippe zum Jesuskind in der
Futterkrippe zu führen.

Weihnachtliche Bodypercussion

Material: CD mit schwungvoller Weihnachtsmusik, wie z. B.
„Morgen, Kinder, wird's was geben", Abspielgerät

Durchführung: Die Kinder sitzen im Kreis beisammen. Die Spielleitung schaltet die
flotte Weihnachtsmusik an. Zum Rhythmus der Musik stampft sie auf
den Boden. Die Kinder ahmen alles so lange nach, bis sie die Pausentaste des Abspielgeräts drückt. Die Spielleitung nutzt die Musikpause,
um den Kindern ein neues „Körperinstrument" vorzustellen, beispielsweise mit den Händen auf die Oberschenkel patschen. Danach schaltet
sie die Musik wieder ein, zu dessen Rhythmus nun die Spielleitung
gemeinsam mit den Kindern die neue Bewegung macht. Das geht so
lange weiter, bis die Spielleitung erneut die Pausentaste des Abspielgeräts drückt und ein neues „Körperinstrument" entwickelt oder das
Lied beendet ist.

Variation: Die Gruppe bildet einen Kreis. Die Spielleitung zeigt den Kindern, wie sie im Takt zur Musik tanzen können. Miteinander drehen sie sich z. B. so lange um die eigene Achse, bis die Spielleitung die Musik stoppt und eine neue Tanzbewegung, wie z. B. die Arme nach oben strecken und dabei die Finger zappeln lassen, vorstellt. Die Kinder machen alles sofort nach, sobald die Musik wieder abgespielt wird. Das geht so immer weiter, bis die Musik beendet ist.

Liebes Christkind!

Material: *für jedes Kind einen Schellenkranz o. Ä.*

Durchführung: Die Spielleitung liest den Text vor und lässt gemeinsam mit den Kindern die Schellenkränze erklingen, sobald sie den Stern erwähnt. Am Ende jedoch lassen alle ihre Schellenkränze vor Freude über die Geburt des Jesuskindes erklingen.

„Wir malen alle gern.
Am liebsten einen Stern.
Wir basteln alle gern.
Am liebsten einen Stern.
Wir backen alle gern.
Am liebsten einen Stern.
Wir folgen alle dem hellen Weihnachtsstern.
Liebes Jesuskind, wir haben dich so gern!"

Variation: Anstelle der Klanggeschichte machen die Kinder ein Fingerspiel, indem sie alle fünf Finger einer Hand ausstrecken und dabei die Finger spreizen, sobald der Stern erwähnt wird. Am Ende jedoch bilden sie eine Faust, strecken den Daumen aus und legen dann die flache Hand auf die linke Brust, um zu verdeutlichen, wie sehr sie das Jesuskind mögen.

Weihnachtstrommeln

Material: *für alle jeweils ein Dinkel-Weihnachtsplätzchen (s. S. 41f.) und eine kleine Schachtel, ein paar Geschenkpapierbogen mit Weihnachtsmotiven, Schere, Klebestreifen, traditionelles Weihnachtslied „Morgen Kinder, wird's was geben" auf CD, Abspielgerät, für jedes Kind eine Serviette*

Vorbereitung: Die Spielleitung legt in jede Schachtel ein Plätzchen und verpackt die Schachteln mit dem Weihnachtspapier. Sie teilt die verpackten Schachteln im Morgenkreis aus.

Durchführung: Die Spielleitung erzählt den Kindern, dass es sich hierbei um Weihnachtstrommeln handelt. Miteinander singen sie die erste Strophe des o. g. Liedes. Alternativ kann die Spielleitung das Lied von Anfang bis Ende abspielen. Unabhängig davon trommeln alle im Takt mit ihren Händen auf die Schachteln, die sie gemeinsam am Schluss auspacken. Die Kinder verspeisen dann die Dinkel-Weihnachtsplätzchen. Guten Appetit!

Variation: Die Kinder knien vor jeweils einem Stuhl im Kreis. Miteinander singen sie die erste Strophe des Liedes und patschen dabei im Takt mit ihren Händen auf die Sitzfläche des Stuhles. Ist die Strophe beendet, legt die Spielleitung zur Freude der Kinder auf jeden Stuhl eine Serviette mit einem Dinkel-Weihnachtsplätzchen.

Winterorchester

Material: *verschiedene (Rhythmus-)Instrumente, traditionelles Winterlied „Jingle Bells" auf CD, Abspielgerät*

Vorbereitung: Die Spielleitung teilt verschiedene Rhythmusinstrumente (bspw. Rasseln, Trommeln, Schellenkränze, Klangstäbe, Glöckchen, ...) aus.

Durchführung: Die Spielleitung singt das Lied entweder vor oder spielt das Lied einfach ab. Miteinander begleiten alle gemeinsam das Lied mit ihren Rhythmusinstrumenten. Bei „Jingle Bells" lässt die Spielleitung jedoch viel lauter ihr Rhythmusinstrument erklingen. Die Kinder machen dabei alles sofort nach.

Eine wilde Schlittenfahrt

Material: *für jedes Kind ein kleines Glöckchen, traditionelles Winterlied „Jingle Bells" (s. S. 45)*

Vorbereitung: Die Spielleitung teilt die Glöckchen aus.

Durchführung: Die Erwachsenen nehmen jeweils ein Kind auf den Schoß und zwar so, dass sich beide in die Augen blicken können. Dabei stützen sie mit einer Hand den Rücken der Kinder. Die Kinder halten jeweils ein kleines Glöckchen in der Hand. Während nun die Erwachsenen das Winterlied singen oder die Spielleitung einfach das Lied abspielt, lassen sie die Kinder auf ihren Oberschenkeln ganz nach Belieben hin und her oder auf und ab reiten. Die Kinder lassen dabei im Takt die Glocken erklingen.

Lustige Schlittenfahrt

Material: *Ein Bollerwagen o. Ä., traditionelles Winterlied „Jingle Bells" auf CD, Abspielgerät*

Vorbereitung: Die Spielleitung holt sich einen Bollerwagen und begibt sich damit in die Kreismitte. Zwei bis drei Kinder setzen sich in den Bollerwagen, der den Schlitten darstellt.

Durchführung: Die Spielleitung kann das Lied singen oder einfach abspielen. Zum Rhythmus der Musik lassen es die Kinder, die im Kreis stehen, „schneien", indem sie ihre Arme immer wieder kurz in die Luft strecken und dabei ihre Finger zappeln lassen. Die Spielleitung zieht die übrigen Kinder im Bollerwagen im Inneren des Kreises herum. Sobald sie jedoch stehen bleibt und zu singen aufhört oder die Musik stoppt, ist die „Schlittenfahrt" zunächst beendet. Die Kinder, die im Bollerwagen sitzen, tauschen ihre Plätze mit jeweils einem anderen Kind im Kreis. Danach singt die Spielleitung einfach weiter oder schaltet die Musik wieder ein, sodass das Ganze wieder von vorne anfängt. So geht es immer weiter, bis das Winterlied beendet ist bzw. jedes Kind einmal im Wagen gefahren ist.

Hurra! Es schneit!

Material: *eine Handtrommel*

Durchführung: Die Kinder sitzen im Kreis beisammen und spielen Schneeflocken. Die Spielleitung fängt leise und langsam zu trommeln an. Die Kinder stehen auf und hüpfen auf der Stelle. Sobald jedoch die Spielleitung kräftiger trommelt, dürfen sie ganz hoch in die Luft springen. Danach hört es allmählich wieder auf. Die Spielleitung trommelt immer leiser. Die Kinder legen sich auf den Boden im Innenkreis und stellen so die schneebedeckte Erde dar.

Advents- und Weihnachtsgeschichten im Morgenkreis

5

Bilderbücher, Gedichte, Klanggeschichten und Co. rund um Advent und Weihnachten

Kurze und leicht verständliche Advents- und Weihnachtsgeschichten mit Bildern oder einfach Geräuschen und Klängen eignen sich bestens für Kleinkinder. Viel Freude und Spaß bereiten ihnen auch kurze Spielgeschichten mit Fingern und Händen.

In diesem Kapitel wird nun je ein empfehlenswertes Nikolaus- und Weihnachtsbilderbuch vorgeschlagen. Zudem werden traditionelle Weihnachts- und Wintergedichte für kleine Rollenspiele und einfache Fingerspiele sowie Klanggeschichten passend zur Vorweihnachtszeit vorgestellt, bei denen Rhythmusinstrumente, aber auch der eigene Körper als Instrument zum Einsatz kommen. Auf diese Weise werden die akustische Aufmerksamkeit, die Motorik und die Sprechfreude gefördert.

Der erste Advent

Wenn die erste Kerze brennt am Kranz,
machen wir gleich einen Freudentanz.

Eine Faust bilden und den Daumen ausstrecken.

Der Nikolaus kommt bald zu uns ins Haus.
Wir stellen dann unsere Stiefel raus.

Mit beiden Händen die Mitra bzw. ein spitzes Dach über dem Kopf andeuten und dann auf die eigenen Schuhe zeigen.

Er bringt uns Apfel, Nuss und Mandelkern.

Eine Faust bilden und dann nacheinander den Daumen, Zeige- und Mittelfinger ausstrecken.

Lieber Nikolaus,
wir haben dich gern!

Ein anderes Kind kurz umarmen.

Die Hirten folgten dem Stern

Die Hirten folgen dem hellen Stern.
Sie haben das Christkind so gern.

Mit allen Fingern auf den Oberschenkeln krabbeln.

In einem Stall fanden sie das Christkind.
Draußen wehte ein eisig kalter Wind.

Mit den Händen eine Schale bilden und dann sich selbst umarmen.

Sie feierten seine Geburt voller Freude.
Es war so herzlich und schön, liebe Leute.

Mit beiden Daumen und Zeigefinger einen Herzumriss andeuten.

Die Geschichte vom heiligen Nikolaus

(Bilderbuch erschienen im Verlag Herder)

Es gibt viele Legenden rund um den heiligen Sankt Nikolaus, die die Spielleitung den Kindern in der Adventszeit erzählen kann. Kindgerecht und besonders schön hat Caroline Görtler das Bilderbuch „Die Geschichte vom heiligen Nikolaus" illustriert, das die Spielleitung den Kindern im Morgenkreis folgendermaßen vorstellen kann:

Material: *Bilderbuch „Die Geschichte vom heiligen Nikolaus" (illustriert von Caroline Görtler), ein kleiner Tisch, drei kleine Jutesäckchen gefüllt mit Schokotalern (Bitte darauf achten, dass diese von allen Kindern gegessen werden können!)*

Vorbereitung: Die Spielleitung stellt einen kleinen Tisch in die Kreismitte und füllt drei kleine Jutesäckchen mit Schokotalern, die sie auf den kleinen Tisch legt. Sie holt sich das Bilderbuch und setzt sich zu den Kindern in den Morgenkreis. Das Bilderbuch legt sie neben sich und zeigt die Bilder zu denen sie die folgende Geschichte erzählt.

Durchführung: Die Spielleitung erzählt den Kindern, dass der heilige Nikolaus viele gute Taten vollbracht hat und dafür bis zum heutigen Tag sehr geliebt wird.

So hat er vor langer Zeit drei Säckchen mit Gold gefüllt *(deutet auf die drei Säckchen auf dem Tisch in der Kreismitte)*. Mit dem Gold wollte der Nikolaus drei armen Schwestern helfen. Denn der Vater von den drei Schwestern konnte nicht genug Essen kaufen, sodass er seine Töchter von zu Hause wegschicken wollte. Zum Glück gab es den guten Nikolaus, der das Vorhaben zu verhindern wusste. Eines Nachts ging er zu dem Haus der drei Schwestern und warf die drei Säckchen mit Gold durch das geöffnete Fenster. Am nächsten Morgen war die Freude groß. Die drei Schwestern öffneten die Säckchen und fanden das Gold darin, sodass die Familie sich genug Essen kaufen und deshalb auch die drei Schwestern bei ihrem geliebten Vater bleiben konnten *(die Spielleitung öffnet die Säckchen und verteilt die Schokotaler)*.

Nachdem die Kinder die Schokotaler genüsslich verspeist haben, zeigt die Spielleitung den Kindern das Bilderbuch mit der dazu passenden Geschichte.

Danke Nikolaus!

Wer bringt uns Apfel, Nuss und Mandelkern?

Eine Faust bilden. Ausgehend vom Daumen der Reihe nach drei Finger ausstrecken.

Wer füllt die Stiefel und hat uns so gern?

Auf die eigenen Schuhe und dann auf die Kinder deuten.

Der Nikolaus bringt uns Apfel, Nuss und Mandelkern.

Mit den Händen die Mitra bzw. ein spitzes Dach über dem Kopf andeuten. Eine Faust bilden. Ausgehend vom Daumen der Reihe nach drei Finger ausstrecken.

Der Nikolaus füllt die Stiefel und hat uns so gern.

Auf die eigenen Schuhe und dann auf die Kinder deuten.

Danke lieber Nikolaus, wir haben dich so gern!

Mit den Händen die Mitra andeuten und sich gegenseitig die Hände reichen.

So klingt die Adventszeit

Der altbekannte Kinderreim „Advent, Advent, ein Lichtlein brennt" eignet sich auch für eine Klanggeschichte, die wie folgt durchgeführt werden kann:

Material: *für jedes Kind ein Paar Klanghölzer o. Ä., altbekannter Kinderreim „Advent, Advent, ein Lichtlein brennt"*

Durchführung: Während nun die Spielleitung den Kinderreim aufsagt, begleiten die Kinder mit ihren Klanghölzern den Reim.

„Advent, Advent, ein Lichtlein brennt!
Erst eins,   *Einmal die Klanghölzer erklingen lassen.*

dann zwei,   *Zweimal die Klanghölzer erklingen lassen.*

dann drei,   *Dreimal die Klanghölzer erklingen lassen.*

dann vier,   *Viermal die Klanghölzer erklingen lassen.*

dann steht das Christkind vor der Tür!   *Mehrmals die Klanghölzer erklingen lassen und ganz laut „Juhu!" rufen.*

Variation: Anstelle der Klanghölzer benutzen die Kinder ihren Körper als Instrument, indem sie passend zu dem Text erst einmal, dann zweimal und schließlich dreimal und viermal in die Hände klatschen. Am Ende klatschen sie mehrmals und rufen alle laut „Juhu!"

Der Nikolaus ist da!

Die folgende Bewegungsgeschichte, die die Spielleitung vorliest, ist für Kinder ab dem 1. Lebensjahr gedacht, kann jedoch auch mithilfe von Erwachsenen bereits mit den Allerkleinsten durchgeführt werden. In diesem Fall werden die Allerkleinsten auf dem Arm getragen.

Durchführung:

„Jedes Jahr zur Adventszeit,
ist es wieder mal soweit.

Vor Freude in die Hände klatschen.

Der Nikolaus kommt zu uns ins Haus,
darum stellen wir die Stiefel raus.

Mit den Füßen auf den Boden stampfen.

Der Nikolaus ist ein guter Mann,
den ich sehr gut leiden kann.

Kreisförmig mit der flachen Hand über die linke Brust reiben.

Vielleicht kommt er auch zu uns ins
Kinderhaus.
Pst! Seid mal alle so leise wie eine Maus!

Erst ganz laut, dann immer leiser mit den Füßen auf den Boden stampfen.

Ich schau mal nach und gehe raus.
Vielleicht steht er vor unserem Haus.

Sich im Gruppenraum umsehen und mit der Hand über den Augen Ausschau nach dem Nikolaus halten.

Ein Sack vom Nikolaus! Hurra!
Liebe Kinder, der Nikolaus ist da!"

Vor Freude in die Hände klatschen.

79

Morgen werden wir uns freuen!

Wie man mithilfe der Strophe eines Weihnachtsliedes im Handumdrehen eine Körperklanggeschichte mit den Kindern durchführen kann, wird nun gezeigt.

Material: *erste Strophe des traditionellen Weihnachtslieds „Morgen Kinder, wird's was geben" (s. S. 48)*

Durchführung: Die Spielleitung liest die erste Strophe vor und macht mit den Kindern folgende Bodypercussion dazu:

„Morgen Kinder, wird's was geben, morgen werden wir uns freuen!

Alle Kinder rufen „Juhu!" und strecken vor Freude ihre Arme in die Luft.

Welch ein Jubel, welch ein Leben wird ins unserem Hause sein!

Auf den Boden stampfen und klatschen.

Einmal werden wir noch wach, heißa, dann ist Weihnachts- tag."

Alle Kinder rufen „Juhu!" und strecken vor Freude ihre Arme in die Luft.

Was machen wir im Winter?

Es schneit, liebe Kinder!

Beide Arme kurz in die Luft heben und dabei die Finger zappeln lassen.

Es ist schließlich Winter.

Es ist kalt, liebe Kinder!

Sich selbst

Es ist schließlich Winter!

umarmen.

Drum zieht euch warm an

Mit den Händen über den jeweils anderen Oberarm reiben.

und baut einen Schneemann!

So tun, als ob man eine Kugel formen und einen Schneemann bauen würde.

Nüsseknacken

Material: *ein Jutesack für die Spielleitung und für jedes Kind bis auf eines*
zwei Walnüsse

Vorbereitung: Ein beliebiges Kind spielt den Nikolaus und bekommt den Jutesack von der Spielleitung. Den übrigen Kindern gibt sie jeweils zwei Walnüsse.

Durchführung: Während die Spielleitung das altbekannte Gedicht „Nüsseknacken" von Albert Sergel aufsagt, geht das Kind mit dem Sack in der Hand als Nikolaus im Inneren des Kreises herum. Alle übrigen Kinder schlagen ihre Walnüsse so wie die Spielleitung bei jeder Silbe aufeinander:

„Holler boller Rumpelsack,
Niklaus trug ihn huckepack.
Weihnachtsnüsse gelb und braun,
runzlig, punzlig anzuschau'n.
Knackt die Schale, springt der Kern,
Weihnachtsnüsse ess' ich gern.
Komm bald wieder in dies' Haus,
guter, alter Nikolaus."

Das Spiel wird noch zwei- bis dreimal wiederholt, jedoch stets mit einem anderen Kind, das den Jutesack erhält und den Nikolaus spielt.

Die Geschichte von Weihnachten

(Bilderbuch erschienen im Verlag Herder)

Spätestens wenn nur noch wenige Türchen am Adventskalender zu öffnen sind, steigt die Spannung auf das große Fest. Eine gute Gelegenheit den Kindern das Bilderbuch „Die Geschichte von Weihnachten" von Annette Langen zu zeigen.

Es bietet sich an, eine Weihnachtskrippe mit Figuren und Tieren im Gruppenraum aufzubauen.

Material: *Bilderbuch „Die Geschichte von Weihnachten" (von Annette Langen und und illustriert von Carolin Görtler), eine Weihnachtskrippe*

Vorbereitung: Die Spielleitung stellt in die Kreismitte eine Weihnachtskrippe mit den dazugehörigen Figuren auf.

Durchführung: Die Spielleitung liest den Kindern die Weihnachtsgeschichte aus dem Buch vor. Sie zeigt dabei die Bilder und lässt den Kindern Zeit, sich diese auch anzuschauen. Am Ende geht sie mit den Kindern zur Weihnachtskrippe, um das Jesuskind in Augenschein zu nehmen.

Variation: Die Spielleitung kniet vor der Weihnachtskrippe und erzählt die Weihnachtsgeschichte aus dem Bilderbuch. Sie zeigt jedoch nicht die Bilder des Bilderbuches, sondern hebt die dazu passenden Figuren (Engel, Maria und Josef sowie das Jesuskind) in die Luft.

Rudolf, das Rentier mit der roten Nase

Material: *ein roter Schminkstift, eine Möhre aus Plastik oder Holz*

Vorbereitung: Ein Kind spielt das Lieblingsrentier des Weihnachtsmanns und bekommt von der Spielleitung, falls es möchte, einen roten Schminkpunkt auf die Nase gemalt. Ein weiteres Kind, das im Morgenkreis sitzt, erhält von der Spielleitung eine Möhre z. B. aus Plastik.

Durchführung: Während nun das betreffende Kind im Inneren des Kreises auf allen Vieren krabbelt, sagt die Spielleitung laut:

„Rudolf, das Rentier mit der roten Nase
läuft noch viel schneller als ein Schneehase!
Der Weihnachtsmann lockt ihn mit der
Möhre nach Haus.
Und schon ist die Geschichte von Rudolf aus!"

Das Kind, das Rudolf das Rentier spielt, krabbelt rasch zu demjenigen Kind, das ihm nun die

Möhre entgegenstreckt. In der nächsten Spielrunde darf ein anderes Kind Rudolf das Rentier spielen, dem dann auch ein neues Kind die Möhre entgegenstrecken darf.

Der Bratapfel

Material: *für jedes Kind ein Apfel aus Plastik oder Holz oder ein roter, grüner oder gelber Softball*

Vorbereitung: Die Kinder knien außerhalb des Morgenkreises direkt vor ihren Stühlen und erhalten von der Spielleitung jeweils einen „Apfel".

Durchführung: Während die Spielleitung den ersten Teil des altbekannten bayerischen Gedichts „Der Bratapfel" vorliest, macht sie gemeinsam mit den Kindern die Bewegungen dazu.

„Kinder, kommt und ratet, was im Ofen bratet.	*Den Apfel zwischen Stuhllehne und Sitzfläche durchreichen und so in den Ofen schieben bzw. den Apfel auf die Sitzfläche legen.*
Hört, wie's knallt und zischt.	*In die Hände klatschen.*
Bald wird aufgetischt,	*Eine Hand waagerecht (Tischplatte) und die andere senkrecht (Tischfuß) darunter halten.*
der Zipfel, der Zapfel, der Kipfel, der Kapfel, der gelbrote Apfel."	*Alle zeigen auf ihren Apfel, der sich auf dem Stuhl befindet.*

Am Ende sagt die Spielleitung:

„Ist der Bratapfel fertig gebraten. Was machen wir dann? Wer wird's wohl erraten?"	*Damit die Kinder rasch die Antwort herausfinden, nimmt die Spielleitung ihren Apfel vom Stuhl und tut so, als ob sie diesen genüsslich verspeisen würde.*

Hurra! Es ist Weihnachten!

Ich liebe den Advent,
wenn die erste Kerze brennt.

Eine Faust bilden und den Daumen ausstrecken.

Ich liebe den Advent,
wenn die zweite Kerze brennt.

Eine Faust bilden, den Daumen und Zeigefinger ausstrecken.

Ich liebe den Advent,
wenn die dritte Kerze brennt.

Eine Faust bilden, den Daumen, Zeige- und Mittelfinger ausstrecken

Ich liebe den Advent,
wenn die vierte Kerze brennt.

Eine Faust bilden, den Daumen, Zeige- und Mittelfinger sowie den Ringfinger ausstrecken.

Dann ist es endlich soweit:
Sie ist da, die Weihnachtszeit!

Eine Faust bilden, den Daumen, Zeigefinger, Mittelfinger, Ringfinger und kleinen Finger ausstrecken. Mit allen Fingern zappeln und dann vor lauter Freude klatschen.

Die heilgen drei Könige

Das altbekannte Gedicht „Die heilgen drei Könige" von Heinrich Heine bietet sich für eine kleine Spielgeschichte an, die folgendermaßen durchgeführt werden kann.

Material: *ein Stern aus goldener Folie, ein kleiner Tisch, eine Weihnachtskrippe*

Vorbereitung: Die Spielleitung stellt in die Kreismitte einen kleinen Tisch, auf dem sie eine Weihnachtskrippe platziert. Zudem holt sie sich einen goldenen Stern.

Durchführung: Die Spielleitung liest das Gedicht vor, zu dem sie und Kinder die Bewegungen ausführen.

„Die heilgen drei Könige aus Morgenland,
Sie frugen in jedem Städtchen:
Wo geht der Weg nach Bethlehem,
Ihr lieben Buben und Mädchen?

Eine Faust bilden. Dann den Daumen, Zeige- und Mittelfinger ausstrecken. In die Runde deuten.

Die Jungen und Alten, sie wussten es nicht,
Die Könige zogen weiter;
Sie folgten einem goldenen Stern,
Der leuchtete lieblich und heiter.

Vom Platz aus auf den Boden stampfen.

Die Spielleitung zeigt den goldenen Stern.

Der Stern blieb stehn über Josephs Haus,
Da sind sie hineingegangen;

Die Spielleitung steht auf, geht in Richtung Weihnachtskrippe und legt den Stern auf die Weihnachtskrippe.

Das Öchslein brüllte, das Kindlein schrie,
Die heilgen drei Könige sangen."

Auf die genannten Figuren in der Weihnachtskrippe deuten.

Bilderreihe Schneeflöckchen

Wie man die Strophen eines Liedes bereits mit den Kleinen bildlich darstellen kann, wird nun gezeigt.

Material: *mehrere Wattebäusche, erste und vierte Strophe des Winterlieds „Schneeflöckchen, Weißröckchen" (s. S. 58), zwei blaue Tonpapier- bögen (DIN A3), ein weißer Wachsmalstift*

Vorbereitung: Die Spielleitung malt den Umriss eines Schneemanns auf eines der beiden blauen Tonpapiere auf.

Durchführung: Während die Spielleitung die erste und vierte Strophe des Liedes aufsagt oder vorsingt, zeigt sie die dazu passenden Bilder:

1. Schneeflöckchen, Weißröckchen,
   wann kommst du geschneit?
   Du wohnst in den Wolken,
   dein Weg ist so weit.

   Zeigt das blaue leere Tonpapier und schaut in Richtung Decke.

4. Schneeflöckchen, Weißröckchen,
   komm zu uns ins Tal.
   Dann bau'n wir den Schneemann
   und werfen den Ball.

   Zeigt den Wattebausch.

   Zeigt das Bild, auf dem der Schneemann zu sehen ist.

Der Schneehase

Material: *zwei Paar weiße Söckchen (evtl. sogar für jedes Kind)*

Durchführung: Die Spielleitung wählt ein Kind aus, das die Schuhe ausziehen und die weißen Söckchen anziehen möchte. Zudem darf es sich über die Hände das zweite Paar Söckchen überziehen.
Das Kind spielt den Hasen und hüpft oder krabbelt im Inneren des Kreises herum. Dabei sagt die Spielleitung folgenden Text auf:

„Ein Hase hoppelt im Schnee
und als er in seinem Bau ankam,
hatte er weiße Schneeschuhe an.
Er sah sich an und rieb sich die Nase
und sagte laut: „Ich bin ein Schneehase!"

Danach zieht das Kind die Söckchen wieder
aus, die es dann einem anderen Kind über-
reicht, das auf die gleiche Weise den Hasen in der nächsten Spielrunde spielen darf.

Variation: Nach jeder Spielrunde kommt ein weiterer Hase bzw. Kind hinzu, das zwei Paar weiße Söckchen erhält. Erst wenn alle Kinder in der Rolle als Hasen im Inneren des Kreises herumkrabbeln, ist das Spiel aus.

Die drei Spatzen

Material: altbekanntes Gedicht „Die drei Spatzen" von Christian Morgenstern

Vorbereitung: Die Spielleitung stellt drei Stühle in die Kreismitte dicht nebeneinander, auf denen drei Kinder Platz nehmen.

Durchführung: Während nun die Spielleitung das Gedicht vorliest, machen die drei Spatzen die Bewegungen:

„In einem leeren Haselstrauch,
da sitzen drei Spatzen, Bauch an Bauch.

Reiben sich den Bauch.

Der Erich rechts und links der Franz
und mittendrin der freche Hans.

Hinweis: Anstelle der genannten Namen kann die Spielleitung die Vornamen der drei Kinder, die auf den Stühlen sitzen, nehmen.

Sie haben die Augen zu, ganz zu,
und obendrüber, da schneit es, hu!

Wer möchte, schließt kurz die Augen. Alle Kinder und somit auch die Kinder im Morgenkreis heben ihre Arme und lassen ihre Finger zappeln.

Sie rücken zusammen dicht an dicht,
so warm wie Hans hat's niemand nicht.

Die drei Kinder umarmen sich gegenseitig.

Hinweis: Anstelle des genannten Namens, kann die Spielleitung das Kind in der Mitte erwähnen.

Sie hör'n alle drei ihrer Herzlein Gepoch.
Und wenn sie nicht weg sind, so sitzen sie noch."

Die Spielleitung deutet mit beiden Daumen und Zeigefingern ein Herz in der Luft an. Sie macht mit den Armen Flugbewegungen und deutet schließlich auf die drei Kinder in der Kreismitte.

Fröhliche Schneeballschlacht

Für die folgende Geschichte, die die Spielleitung langsam vorliest, dürfen die Kinder den Boden und Körper als Instrument benutzen und somit alle im Morgenkreis mitmachen.

Durchführung: Die Kinder knien sich auf die Kreisbahn und machen passend zu der Geschichte folgende Bewegungen:

„So ist es bei uns im Winter.
Es schneit und schneit, liebe Kinder!

Mit den Fingerspitzen auf den Boden tippen.

Wir stampfen durch den hohen Schnee
und sehen am Waldrand ein Reh.

Auf den Boden setzen und mit den Füßen auf den Boden stampfen.

Zum Glück gibt es ganz viel Schnee heute.
Wir formen einen Schneeball vor Freude.

Mit beiden Händen so tun, als ob man eine Kugel formen würde.

Dann gibt es eine Schneeballschlacht.
Es wird geworfen und viel gelacht!

Alle tun so, als ob sie Schneebälle werfen würden. Dabei lachen sie laut.

Wir gehen durch den hohen Schnee nach Haus'.
Und nun ist die Klanggeschichte aus."

Aufstehen oder im Sitzen mit den Füßen auf den Boden stampfen.

Siebenschläfer

Der folgende Krabbelvers bietet sich hervorragend mit mehreren Kindern an und macht den Kindern viel Spaß.

Durchführung: Die Spielleitung spricht den Vers vor und macht gemeinsam mit den Kindern sofort die dazu passenden Bewegungen:

„Draußen ist es sehr kalt!   *Sich selbst umarmen.*
Der Siebenschläfer ist im Wald.

Er ruht sich in der Baumhöhle aus,   *Kopf kurz nach unten neigen.*
streckt sich und kommt im Früh-   *Recken und strecken.*
jahr raus."

Beim zweiten Teil des letzten Satzes geht die Spielleitung blitzschnell auf die Kinder zu, um sie unter den gestreckten Armen zu kitzeln, sodass der „Siebenschläfer" bzw. das Kind aufspringt und wach ist.

In der Advents-werkstatt

6

Kreatives Gestalten in der Adventszeit

Kinder haben sehr viel Freude daran, wenn sie miteinander malen und gestalten. Dabei spielt es keine Rolle, ob sie bereits ohne fremde Hilfe einen Adventskranz verzieren, einen Adventsteller bekleben oder ein schönes Adventslicht herstellen können. Vielmehr steht der Spaß am Kreativsein in der schönsten Zeit des Jahres im Vordergrund.

Es werden nun originelle Ideen für die Mini-Künstler/innen vorgestellt, die am Basteltisch durchgeführt werden und sich zum Teil für die Spiele oder Angebote aus diesem Buch bestens eignen. Indem die kleinen Kunstwerke auf vielfältige Weise genutzt werden, haben die Kinder ein spürbar großes Vergnügen daran.

Windlicht mit Äpfeln, Nüssen und Co.

Material: *für jedes Kind ein großes ausgewaschenes Gurkenglas ohne Etikett, getrocknete Mandarinenscheiben, getrocknete Apfelscheiben, Walnüsse und eine dickere LED-Kerze sowie ein Glasmalstift*

Vorbereitung: Die Spielleitung schreibt unter jedes ausgewaschene Gurkenglas den Vornamen eines Kindes auf und verteilt dann die Gläser entsprechend.

Durchführung: Die Kinder füllen ihre Gläser zu drei Vierteln mit Mandarinen, Äpfeln und Nüssen, in deren Mitte sie die Kerze stellen, die die Spielleitung so nach unten drückt, dass sie einen festen Stand hat.

Hinweis:
Die Apfel- und Mandarinenscheiben werden im Backofen getrocknet. Dafür dünne Scheiben schneiden und 3–4 Stunden im Backofen bei 100 °C und leicht geöffneter Tür trocknen lassen.

Malen nach Weihnachtsmusik

Material: *flotte Weihnachtsmusik, wie z. B. „Kling Glöckchen klingelingeling", Abspielgerät, Walzen, Pinsel, Schwämme, rote, blaue, gelbe Fingerfarbe oder Wachsmalstifte, für jedes Kind ein Malkittel und ein weißes Blatt Papier (mindestens DIN A3)*

Vorbereitung: Die Spielleitung teilt die Wachsmalstifte und Blätter aus. Zudem ziehen die Kinder ihre Malkittel an.

Durchführung: Zum Rhythmus der Weihnachtsmusik malen die Kinder ein Bild. Das geht so lange, bis die Musik beendet ist. Am Ende bewundern sie alle ihre Kunstwerke.

Variation: Anstatt mit den Wachsmalstiften zu malen, können die Kinder auch verschiedene Kreativtechniken mit den Fingerfarben ausprobieren.

Adventslicht

Material: *für jedes Kind ein Malkittel, ein LED-Teelicht und ein kleines Einmachglas in das ein LED-Teelicht passt, rotes, gelbes und blaues Transparentpapier, Kleister, ein Glasmalstift*

Vorbereitung: Die Spielleitung nimmt das Transparentpapier und schneidet kleine runde Kreise aus, die Weihnachtskugeln darstellen. Danach rührt sie den Kleister an.

Durchführung: Jedes Kind darf sein Adventswindlicht gestalten. Dafür ziehen die Kinder einen Malkittel an und erhalten ein Einmachglas.

Die Kinder dürfen ihr Glas jetzt einkleistern und dann die Kreise aus Transparentpapier nach eigenem Belieben aufkleben. Am Ende schreibt die Spielleitung den Namen des jeweiligen Kindes auf das Glas, in das sie dann jeweils ein Teelicht stellt, und dann muss das Adventslicht trocknen.

Adventskranz

Material: *ein Tannenrohling (entweder gekauft oder selber gebunden), vier dicke rote Kerzen, Stabfeuerzeug, Draht, eine Schere, Walnüsse, getrocknete Apfel-/ oder Mandarinenscheiben, gesammelte Naturmaterialien (beispielsweise Zapfen)*

Vorbereitung: Die Spielleitung schneidet vier ca. zwölf cm lange Drahtstücke ab. Jedes Drahtstück erwärmt sie über einer brennenden Kerze und drückt diese jeweils tief in die Bodenmitte der vier Kerzen. Sie steckt die Kerzen so auf den Kranz, dass sich immer zwei direkt gegenüber befinden.

Durchführung: Die Spielleitung holt die gesammelten (und getrockneten) Naturmaterialien um den Adventskranz zu verzieren. Dabei dürfen die Kinder kräftig mithelfen.

Nikolaus Geschenktasche

Material: *für jedes Kind ein Malkittel und eine weiße oder helle Tasche aus Kraftpapier mit gedrehtem Papiertragegriff (ca.12 x 15 x 5,5 cm) (alternativ können auch Stofftaschen verwendet werden), Stempel aus Korken, rote, gelbe und blaue Fingerfarben*

Vorbereitung: Die Kinder ziehen ihre Malkittel an und erhalten jeweils eine Tasche.

Durchführung: Die Kinder dürfen mit den Korken die Fingerfarben auf die Tasche drucken oder einfach die Fingerfarbe auf den Händen auftragen und Handabdrücke auf dem Kraftpapier machen.

Einladungskarte Nikolausfeier

Material: *ein Bleistift, eine Schere, ein Klebestift, ein weißes, schwarzes und rotes Krepppapier, pro Kind rotes Tonpapier (DIN A4)*

Vorbereitung: Die Spielleitung faltet das rote Tonpapier einmal längs in der Mitte.

Durchführung: Die Kinder reißen kleine Stücke von den Krepppapieren ab und formen kleine Kugeln. Sie kleben die Kügelchen auf das Tonpapier und gestalten so ihre persönliche Einladungskarte für die Nikolausfeier. Nachdem die Kinder ihre Karte verziert haben, klebt die Spielleitung den kopierten Einladungstext von S. 101 auf die rechte Innenseite der Einladung.

Winterbild zur Weihnachtszeit

Material: *für jedes Kind ein blaues DIN A4 Tonpapier und einen weißen Wachsmalstift*

Durchführung: Die Kinder malen auf dem blauen Tonpapier mit der weißen Wachsmalkreide ein Schneebild bzw. Kritzelbild.

Knetplätzchen

Material: *leicht formbare unbedenkliche Knete, einen oder mehrere Knetroller aus Kunststoff, verschiedene Knetausstecher aus Plastik passend zur Vorweihnachtszeit, wie z. B. ein Stern, ein Tannenbaum, ein Herz usw., für jedes Kind eine Bastelunterlage o. Ä. und ein Behälter, den man luftdicht verschließen kann.*

Durchführung: Die Kinder rollen die Knete aus und zwar so, dass sie die Plätzchen ausstechen können, die sie dann in ihren Behälter legen.

Sollen die Plätzchen aus Knete mit nach Hause genommen oder an die Kinder z. B. auf der Nikolausfeier (s. S. 103) verschenkt werden, dann darf jedes Kind einen kleinen Behälter, den man luftdicht verschließen kann, von zu Hause mitbringen. Plätzchen aus Knete sind im Übrigen auch eine gute Vorbereitung für die Weihnachtsbäckerei.

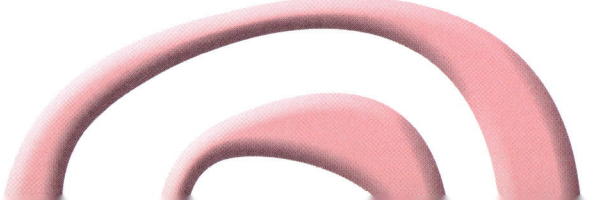

Adventscollage

Material: *für jedes Kind ein weißes DIN A3 Blatt Papier, ein paar Bögen Geschenk-papier mit Weihnachtsmotiven, Klebestifte*

Durchführung: Die Kinder reißen nach Herzenslust die abgebildeten Weihnachts-motive auf dem Weihnachtspapier aus. Jedes Kind klebt seine Schnipsel auf ein weißes Papier, sodass eine schöne Adventscollage entsteht.

Schneesturm aus Watte

Material: *für jedes Kind ein schwarzes DIN A4 Tonpapier, viele Watte-bäusche, Klebestifte, weiße Wachsmalstifte*

Durchführung: Die Kinder kleben die Wattebäusche auf das schwarze Papier, sodass ein wilder Schneesturm entsteht. Mit dem weißen Wachsmalstift malen sie weitere Schneeflocken dazu.

Getupfte Weihnachtskugel

Material: *für jedes Kind eine Styroporkugel (Durchmesser: 6 cm), Malkittel, alte Zeitungen als Malunterlage o. Ä., unbedenkliche gelbe, rote, blaue und grüne Fingerfarben (evtl. Transparentpapier und Glanzpapier in verschiedenen Farben sowie für jedes Kind einen Pinsel und einen Schwamm)*

Material für die Variation: *buntes Transparentpapier (blau, gelb, rot), Pinsel und kleine Schwämme (Schwammpinsel), buntes Glanzpapier*

Vorbereitung: Die Kinder ziehen ihre Malkittel an. Die Spielleitung richtet die Malutensilien her und teilt die Styroporkugeln aus.

Durchführung: Die Kinder machen jede Menge Fingertupfer auf die Kugel und zwar so, dass überall auf der Kugel die Farbe haftet. Danach lassen sie die Farbe trocken und erfreuen sich an der farbenfrohen Weihnachtskugel.

Variation: Die Styroporkugel kann auch mit anderen Kreativtechniken farbenfroh verschönert werden.
- mit buntem Transparentpapier bekleben
- die Fingerfarbe mit dem Pinsel auftragen
- die Fingerfarbe mit dem Schwamm auftupfen
- mit buntem Glanzpapier bekleben

Adventsteller

Material: *ein Bastel-Pappteller ungewachst (Durchmesser: 23 cm), Geschenkpapier mit Advents- und Weihnachtsmotiven, Klebestifte*

Durchführung: Die Kinder beschmieren den Pappteller entweder alleine oder mithilfe der Spielleitung mit Klebstoff. Sie zerreißen das Geschenkpapier in kleine Stücke, die sie auf den Teller kleben und zwar so, dass möglichst alles bedeckt ist.

Adventskalender aus Schachteln

Material: *vierundzwanzig leere Streichholzschachteln, Geschenkpapier mit Advents- und Weihnachtsmotiven, Klebestifte, rotes Dekoband (ca. 6 cm breit), rote Klebepunkte, ein Kugelschreiber, kleine verpackte Schokolade o. Ä. (muss in die Streichholzschachteln passen)*

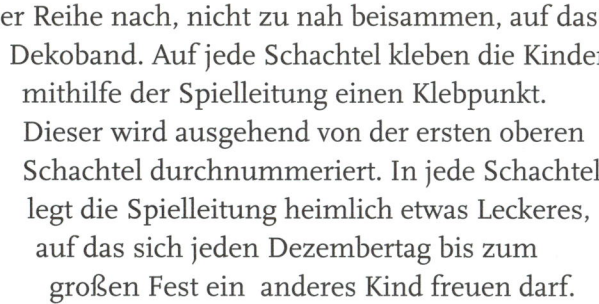

Durchführung: Die Kinder beschmieren den oberen Teil der Streichholzschachteln mit Klebstoff und zerreißen das Geschenkpapier in kleine Stücke, die sie auf die Schachteln kleben. Die Spielleitung klebt die Schachteln der Reihe nach, nicht zu nah beisammen, auf das Dekoband. Auf jede Schachtel kleben die Kinder mithilfe der Spielleitung einen Klebpunkt. Dieser wird ausgehend von der ersten oberen Schachtel durchnummeriert. In jede Schachtel legt die Spielleitung heimlich etwas Leckeres, auf das sich jeden Dezembertag bis zum großen Fest ein anderes Kind freuen darf.

Lieber Nikolaus, komm in unsre Mitte!

7 Eine Nikolausfeier für Klein und Groß im Morgenkreis

Die Kinder lieben den Nikolaus, der im 4. Jahrhundert in der Stadt Myra in der heutigen Türkei lebte. Er hat viel Gutes getan und hatte ein großes Herz für Kinder. Am 6. Dezember um 350 n. Chr. starb Nikolaus, der nach seinem Tod heiliggesprochen wurde. Die Nikolausfeier gehört zu den christlichen Festen. Dennoch ist der heilige Nikolaus u. a. auch bei muslimischen Türken bekannt und anerkannt, den sie unter den Namen Noel Baba kennen.

In diesem Kapitel wird gezeigt, wie Sie eine kleine Nikolausfeier für die Kinder und deren Eltern und Geschwisterkinder im Handumdrehen vorbereiten und durchführen können. Dabei muss der Nikolaus keineswegs selbst anwesend sein. Vielmehr steht das gemütliche Beisammensein im Vordergrund. Für diesen Zweck werden zum Teil auch Praxisideen aus den anderen Kapiteln verwendet, die den Kindern bestenfalls schon vertraut sind, sodass sie während der Nikolausfeier viel Halt und Orientierung erfahren, aber auch bei den Vorbereitungen helfen können.

Einladungstext für die Einladung zur Nikolausfeier

Material: *ein weißes Blatt Papier (DIN A5), ein Stift, Kopierer*

Durchführung: Die Spielleitung schreibt auf das Blatt Papier folgenden Einladungstext, den sie für jedes Kind kopiert:

Einladung zur Nikolausfeier!

Liebe Mama, lieber Papa,

der gute alte Nikolaus ist bald da!
Wir rufen voller Freude laut „Hurra!"
Den Nikolaustag feiern wir bestimmt nicht allein.
Darum laden wir euch in unsere Einrichtung … *(Name der Kindertageseinrichtung)* am … *(Datum eintragen)* um … Uhr ein.

Im Sitzkreis wollen wir spielen, singen und lachen
und andere Sachen rund um die Adventszeit machen.
Und kommt dann noch der Nikolaus zu uns ins Haus,
freut sich bestimmt auch unsere allerkleinste Maus.
Danach gibt es ein Adventscafé in unserem Haus,
um ca. … Uhr ist unser kleine Feier aus.

Es freuen sich die Kinder und die Erzieher(innen) sehr
und wenn ihr alle kommt, freut es uns bestimmt umso mehr!

Euer / Eure

....

Bitte die zutreffenden Stellen ankreuzen. Den ausgefüllten Zettel möglichst bis zum … *(Datum eintragen)* abgeben. Vielen Dank im Voraus!

☐ Ja, wir kommen gerne zu der Nikolausfeier mit … Erwachsenen und … Geschwisterkindern *(Anzahl der Erwachsenen und Geschwisterkinder bitte eintragen!)*.

☐ Nein, wir können leider nicht an der Nikolausfeier teilnehmen und wünschen euch viel Vergnügen.

....
Unterschrift des Erziehungsberechtigten

Festvorbereitung

Adventlicher Kreis

Material: *ein kleiner Tisch, ein Adventskranz (s. S. 94),
ein Stabfeuerzeug, für die Allerkleinsten
jeweils eine Schafwolldecke o. Ä.*

Durchführung: Die Erwachsenen bilden einen Stuhlkreis
und zwar so, dass alle einen Platz im Kreis
haben. Für die Allerkleinsten werden Schafwolldecken o. Ä. bereit-
gelegt, sodass die Erwachsenen jederzeit ihre Babys auf die Decke
direkt vor sich im Innenkreis hinlegen können. In die Kreismitte
stellen sie einen kleinen Tisch, auf dem der Adventskranz platziert
wird. Die Spielleitung legt das Stabfeuerzeug außer Reichweite der
Kinder und trotzdem griffbreit.

Festlich gedeckter Adventstisch

Material:
- für jeden Gast ein Gedeck
- jeweils eine Serviette mit einem Nikolausmotiv
- Gläser

für jede Tischgruppe:
- ein Windlicht mit Äpfeln, Nüssen & Co. (s. S. 93)
- ein paar Tannenzweige, Äpfel, Nüsse und Mandarinen
- eine Isolierkanne mit Kaffee und Adventstee
- ein Milchkännchen
- eine Zuckerdose
- ein Brotkorb mit Butterbrezeln
- ein Adventsteller (s. S. 98) mit Dinkel-Weihnachtsplätzchen und
  Dinkel-Doppeldecker-Weihnachtsplätzchen (s. S. 41 f.)
- eine Flasche Mineralwasser ohne Kohlensäure
- eine Flasche Apfelsaft
- eine Flasche Orangensaft

Geschenkidee zum Nikolaus

Material: für jedes Kind eine Nikolaus-Geschenktasche (s. S. 95), ein paar Köstlich-keiten, wie z. B. ein kleiner Apfel, eine Mandarine, Walnüsse und ein kleiner Nikolaus aus Schokolade, ein weißes Schmuckband, eine Schere, ein großer Jutesack o. Ä.

Vorbereitung: Im Vorfeld bemalen die Kinder eine Nikolaus-Geschenktasche. Diese bekommen sie dann an der Nikolausfeier überreicht. Es werden mehrere Taschen bemalt, wenn Geschwisterkinder zur Nikolausfeier angemeldet wurden, sodass diese auch ein Nikolausgeschenk erhalten.

Durchführung: Die Nikolaus-Geschenktaschen werden von der Spielleitung heimlich mit den o. g. Köstlichkeiten befüllt. Die einzelnen Taschen bindet sie wie ein Sack mit jeweils einem Stück Schmuckband zu. Die verschlossenen Nikolaus-Geschenktaschen bewahrt sie in einem großen Jutesack auf.

Hinweis:
Am Nikolaustag kann die Spielleitung oder der „Nikolaus" jedem Kind zudem seine Knetplätzchen (s. S. 96) als Geschenk überreichen, die die Kinder im Übrigen auch für die Geschwisterkinder herstellen können.

Der Heilige Nikolaus von Myra

Material: *ein gekauftes oder ausgeliehenes Kostüm mit Zubehör (ein edles Nikolaus-gewand bzw. Bischofskostüm bestehend aus einem weißen bodenlangen Stoffunterkleid mit goldener Schärpe, einem roten Samtumhang mit einem goldenen Schal, einer Mitra bzw. Bischofsmütze, einem Bischofsstab, einem weißen lockigen Bart mit Oberlippenbart und Gummiband zum Befestigen und nicht zuletzt einer dazu passenden Perücke)*

Durchführung: Sollte es keinen Erwachsenen geben, der den Nikolaus spielt, kann die Spielleitung den Nikolaus auch als „Anklopfer" auf der Nikolausfeier ankündigen, der in den Augen der Kinder vor der Türe steht und schließlich schnell wieder verschwindet. Er lässt dann lediglich zur Freude der Kinder einen großen Sack voller Leckereien zurück.

> **Hinweis:**
> Spielt ein Erwachsener auf der Nikolausfeier den Nikolaus, dann empfiehlt es sich, dass der Erwachsene, der den Nikolaus spielt, auch als Bischof und nicht in einem Weihnachtsmannkostüm erscheint.

Der Festkreis

Zu Beginn setzen sich alle Kinder und deren Eltern und Geschwisterkinder in den Stuhlkreis. Die Allerkleinsten sitzen auf dem Schoß oder liegen auf dem Arm der Erwachsenen. Wer möchte, kann auch sein Kind direkt vor sich auf eine weiche Unterlage legen, die auf Wunsch von der Spielleitung erhältlich ist.

Wenn es sich alle gemütlich gemacht haben, begrüßt die Spielleitung alle Gäste:

„Hallo liebe kleine und große Leute!
Zur Nikolausfeier begrüße ich euch heute!
Wir wollen spielen, feiern, fröhlich sein und lachen
und andere schöne Sachen rund um den Nikolaus machen!
Zu Beginn stellen wir ein Nikolaus-Fingerspiel vor.
Wer möchte, macht gleich mit oder seid einfach ganz Ohr!"

„Guten Morgen!", sagt der Nikolaus

„Guten Morgen!", sagt der Nikolaus.

Eine Faust machen und den Daumen ausstrecken.

So begrüßt er uns im Kinderhaus.
Zur Adventszeit ist er immer da.

Alle Finger ausstrecken und zappeln lassen.

Alle Kinder rufen laut: „Hurra!"

Beide Arme in die Luft strecken.

Komm bald wieder zu uns ins Haus,

Am Ende wieder eine Faust machen

lieber, guter, alter Nikolaus!"

und den Daumen ausstrecken.

Froh und munter

Material: *Traditionelles Nikolauslied „Lasst uns froh und munter sein" (s. S. 46)*

Durchführung: Die Erwachsenen nehmen die Kinder auf den Schoß, stützen dabei ihren Rücken und blicken ihnen in die Augen. Während sie nun das Nikolauslied „Lasst uns froh und munter sein" singen, lassen sie die Kinder auf ihren Oberschenkeln reiten. Bei „Lustig, lustig, tralalalala" bleiben jedoch die Kinder stets ruhig auf den Oberschenkeln sitzen. Dabei klatschen die Erwachsenen und Kinder voller Freude im Takt zur Melodie in die Hände.

Hurra, der Nikolaus ist da!

Material: *ein großer Jutesack, in dem sich für jedes Kind und somit auch Geschwisterkind jeweils ein Geschenk vom Nikolaus (s. S. 103) befindet.*

Durchführung: Der Nikolaus, falls er selbst erscheint, setzt sich auf einen großen Stuhl in die Kreismitte, den die Spielleitung ihm hingestellt hat. Sollte er jedoch nur als „Anklopfer" da gewesen sein, setzt sich die Spielleitung auf den Stuhl und stellt stellvertretend für den Nikolaus den großen Sack direkt neben sich auf den Boden, den sie vor der Türe vorgefunden hat.

Der Nikolaus bzw. Spielleitung möchte natürlich wissen, ob alle Kinder brav gewesen sind. Erfahrungsgemäß werden die älteren Kinder die Fragen sofort bejahen.

Es wird „Morgen Kinder, wird's was geben" (s. S. 48) für den Nikolaus gesungen. Danach erhalten die Kinder etwas Leckeres aus dem großen Sack. Die Kinder gehen entweder alleine oder im Beisein ihrer Eltern der Reihe nach zum Nikolaus oder zu der Spielleitung, um sich ein Geschenk aus dem Sack zu holen. Sollten die Geschenke aus den selbst gebastelten Nikolaustaschen und / oder Knetplätzchen bestehen, muss der Nikolaus bzw. die Spielleitung darauf achten, dass sie dem richtigen Kind zugeordnet werden und daher das Verteilen selbst übernehmen.

Nikolausfrühstück

Die Spielleitung lädt nun alle herzlich zum Nikolausfrühstück ein. Dadurch, dass die Kinder meist nicht so lange am Frühstückstisch verweilen möchten, empfiehlt es sich, für die Kinder ein paar Angebote als Pausenfüller anzubieten. Beispielsweise verschiedene Kreativangebote an einem Extratisch.

Beispielsweise:
- Winterbild zur Weihnachtszeit (s. S. 96)

- Knetplätzchen (s. S. 96) (passt gut zu den Knetplätzchen, die die Kinder als Geschenk erhalten haben)
- Getupfte Weihnachtskugel (s. S. 98)

Abschluss der Nikolausfeier

Vorbereitung: Die Gruppe trifft sich noch einmal im Kreis, jedoch ohne Stühle. Die Erwachsenen tragen die Allerkleinsten am besten in einem Tragetuch, sodass sich Klein und Groß gegenseitig die Hände geben können.

Durchführung: Die Spielleitung dankt den Gästen für ihr Kommen und sagt dann:

„Unsere kleine Advents- und Nikolausfeier ist leider schon aus.
Vielleicht sehen wir uns nächstes Jahr wieder in diesem Haus?
Wir freuen uns heute schon auf ein Wiedersehen.
Wir wünschen eine schöne Adventszeit, bevor wir auseinander gehen."

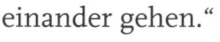

Register